Martin Kranzl-Greinecker
Die Kinder von Etzelsdorf

Danke für
Ihre Offenheit!
Martin Kranzl.
15.11.2007

Martin Kranzl-Greinecker

Die Kinder von Etzelsdorf

**Notizen über das
„Fremdvölkische Kinderheim"
im Schloss Etzelsdorf, Pichl bei Wels
(1944-1946)**

Verlag Denkmayr
2005

ISBN 3902488-44-1

Copyright © 2005 by Martin Kranzl-Greinecker
A-4632 Pichl bei Wels

Gesamtherstellung: Ernst Denkmayr GmbH
Druck & Verlag, Linz

Printed in Austria

„Das Vergessen des Bösen ist die
Erlaubnis zu seiner Wiederholung."

*(Inschrift auf einem Denkmal im
ehemaligen KZ Mauthausen)*

Gewidmet allen „Kindern von Etzelsdorf"
und meinen Kindern Anna und Jakob.

Vorwort

Das Ziel meiner Auseinandersetzung mit den „Kindern von Etzelsdorf" und auch die Absicht dieser Dokumentation ist es, an eine bisher nur am Rand beachtete Opfergruppe der NS-Diktatur zu erinnern und ihr ein respektvolles Andenken zu verleihen: Zwangsarbeiterinnen und ihre Kinder, die im nationalsozialistischen Welt- und Menschenbild nichts anderes als „slawische Untermenschen" waren. Wenig ist über diese Kinder bekannt, denn selbst wenn sie überlebt haben, haben sie kaum eigenes Wissen über ihr Leben in den „Fremdvölkischen Kinderheimen" oder „Ausländerkinderpflegestätten", wie man diese Institutionen beschönigend nannte. Der Verschleppung der Zwangsarbeiterinnen folgten Ausbeutung und Erniedrigung, auch sexuelle Gewalt, Entzug und Vernachlässigung ihrer unschuldigen Kinder. Wer waren eigentlich die Väter?

Als lange nach 1945 Geborener will ich mit Berichten jener Zeit sorgfältig umgehen. Selbstverständlich gab es damals auch Plätze, an denen OstarbeiterInnen gut und korrekt behandelt worden sind. Ich selbst wäre damals gern auf Seiten der Regimegegner gestanden. Wo ich mich tatsächlich befunden hätte, kann ich nicht sagen. Ich bin weder Kläger noch Richter noch moralisches Gewissen. Meine Rolle ist jene des Berichterstatters. Das Interesse gilt mehr den Opfern als den Tätern. Und es geht nicht darum, einen Ort und seine Menschen zu diskreditieren. Jede Auseinandersetzung mit Gestern ist eine Lernchance für Heute und Morgen, die Kultur der Erinnerung verleiht der Gesellschaft ein menschliches Gesicht und die Pflege des Mitgefühls ist Teil der Humanität.

„Was wir den Opfern schuldig sind, ist die Anstrengung des Erinnerns und des Verstehens. Wir schulden ihnen die Genauigkeit des Hinsehens", schreibt der Gestalter der Gedenkstätte im Schloss Hartheim, Herbert Friedl. Diese Dokumentation ist ein Versuch genauen Hinsehens auf die „Kinder von Etzelsdorf". Danke allen, die den Blick dafür haben.

Martin Kranzl-Greinecker

1. Schloss Etzelsdorf im 20. Jahrhundert

Schloss Etzelsdorf liegt am westlichen Ortsrand von Pichl bei Wels, einer kleinen Gemeinde im Innbachtal, etwa zehn Kilometer von der Bezirkshauptstadt Wels entfernt. An der Südseite eines ausladenden Hofes steht das hellblaue, zweistöckige Hauptgebäude, flankiert von niedrigen Nebengebäuden, die an die frühere landwirtschaftliche Nutzung erinnern. Zur Liegenschaft gehören mehrere Teiche, die für ihre Wasserqualität und ihren Fischbestand bekannt sind. Nur wenige Meter hinter dem Schlossgebäude führt die Autobahn A 8 Wels-Passau und mit geübtem Blick lässt sich auch während der Fahrt das Schlossdach mit seinen beiden markanten Rauchfängen erkennen.

Erst seit relativ kurzer Zeit präsentiert sich Schloss Etzelsdorf mit seinen Nebengebäuden in so gutem baulichen Zustand. Die heutigen Besitzer haben es nach dem Kauf im Jahr 1970 sehr liebevoll und kostenintensiv restauriert, nachdem in den Jahrzehnten zuvor aller einstiger Glanz verloren gegangen war.

Durch viele Jahrhunderte war Etzelsdorf Sitz adeliger Familien (Eczelstorffer, Schmidtauer, Unkhrechtsberg), bis es nach dem Tod der letzten adeligen Besitzerin 1929 in bürgerliche Hände kam.[1] Reichsedle Anna von Unkhrechtsberg hatte den gesamten Besitz ihrer langjährigen Köchin und treuen Helferin Josefa P. testamentarisch vermacht. Den eigentlichen Wert des Erbes dürfte wohl Grund und Boden sowie die Teiche ausgemacht haben, denn das Schlossgebäude selbst, ein nach dem Bauernkrieg zu Beginn des 17. Jahrhunderts errichteter Renaissancebau, war ziemlich renovierungsbedürftig, um nicht zu sagen heruntergekommen.

Josefa P. war zum Zeitpunkt des überraschenden Erbes bereits 60 Jahre alt.

Familie Unkhrechtsberg vor Schloß Etzelsdorf (1908).

Etzelsdorfer Wappen.

Rechts: Hochzeit von Maria und Ignaz N. am 1. Juli 1930.

Kein Wunder, dass sie das Schloss an ihre bereits erwachsene Tochter Maria weitergab und auch kein Wunder, dass sich plötzlich Heiratskandidaten für die Neo-Schlossfrau interessierten. Natürlich sollte es ein wohlhabender Bewerber sein, schließlich harrte das Schloss dringender Reparaturen.

Das Erbe bedeutete für die Erbinnen, die von der Verwaltung eines mittleren Landgutes nichts verstanden, gleichermaßen Genugtuung und Wohlstand wie Belastung und Überforderung. Zuvor war das Leben für Mutter und Tochter nicht gerade rosig gewesen: Josefa hatte sich, aus einer angesehenen Bauernfamilie stammend, 1897 mit dem Kaplan der Pfarre eingelassen. Nach der Geburt von Töchterchen Maria wurde der Vater in eine Innviertler Pfarre strafversetzt. Angeblich hielt er aber bis ins hohe Alter zu seiner Tochter Kontakt.

Unter dem Titel „Hochzeit zweier Glückskinder" berichtete die Welser Zeitung im Juli 1930 über die Vorgänge im Schloss: „Es kamen Freier, die um die Hand der Tochter anhielten. Fast um dieselbe Zeit, in welcher Josefa P. die glückliche Erbin des Schlosses wurde, fiel das Viertellos der Klassenlotterie des Bauernsohnes und landwirtschaftlichen Arbeiters Ignaz N. in Treffer. Zugleich gewann er die Prämie, sodass er auf diese Weise Besitzer eines ansehnlichen Vermögens wurde. Auf Vermittlung eines aus Pichl stammenden Gasthausbesitzers kam die Ehe zwischen der Tochter der Schlosserbin und dem glücklichen Losgewinner zustand."[2]

Der aus Pichl stammende Schriftsteller Alois Brandstetter verarbeitete das Ereignis literarisch:

„Der Schlossherr war in seiner Jugend Bauernknecht gewesen, hatte dann aber buchstäblich das große Los und den Haupttreffer gezogen. Als der Briefträger den Bescheid der Klassenlotterie brachte, stand er eben auf dem Misthaufen. Er steckte daraufhin die Gabel in den Mist und tat keinen einzigen Wurf mehr, sondern kündigte stante pede dem Bauern den Dienst auf. Das Glückslos der Klassenlotterie machte ihm auch möglich, seinen Stand und die Klasse zu wechseln. Er heiratete die Schlossbesitzerin! Fürderhin trank er statt des Mostes Wein, und zwar sehr viel, mehr als ihm guttat. Seine Ehe blieb kinderlos und war auch sonst nicht die glücklichste."[3]

Das Hauptgebäude des Schlosses nach Renovierung bzw. Umgestaltung des Daches Anfang der 1930er-Jahre.

Um die Figur des Ignaz N., genannt „Schloss-Naz", ranken sich bis heute Legenden, vielleicht auch wegen seines außergewöhnlichen Todes: Auf dem Heimweg vom Gasthaus war er zu Jahresende 1957 alkoholisiert in seinen eigenen Schlossteich gestürzt und ertrunken. Seine Frau überlebte ihn um neun Jahre. Nach ihrem Tod im Jahr 1966 wurde der Besitz unter 13 Erben aufgeteilt. Seit 1970 sind Schloss und Teiche im Besitz einer Linzer Unternehmerfamilie.

Die Geschichte vom Lotteriegewinn des Schlossherren fand viele Ausschmückungen, die heute nicht mehr nachprüfbar sind: So jene, dass der trunksüchtige und verarmte Knecht nichts anderes mehr als das Los besaß und es einem Bettler schenkte. Doch der wollte Bargeld sehen und gab das Los zurück, ohne zu wissen, was es wert war. Eine andere Anekdote beschreibt, dass Ignaz N. nicht nur die Mistgabel aufsteckte, sondern sich unmittelbar nach der Gewinnmitteilung – und zwar in Stallgewand und verdreckten Stiefeln – ins beste Hotel von Wels begab und dort für einige Tage Quartier bezog.

Tatsache ist, dass am 1. Juli 1930 mit großem Pomp in Pichl geheiratet wurde und damit der gemeinsame Lebensweg jenes Paares begann, in deren Besitzerschaft die Verwendung von Schloss Etzelsdorf als „Fremdvölkisches Kinderheim" ab Sommer 1944 fällt.
Bald nach der Hochzeit wurde in Erneuerung des Schlosses investiert, so wurde die Dachkonstruktion neu gestaltet und das gesamte Dach erneuert. In Wahrheit aber waren beide, Maria und Ignaz, als Schlossbesitzer heillos überfordert. Sie hatten nie gelernt, für solchen Besitz zu sorgen und sie sprachen beide dem Alkohol übermäßig zu. Und eine weitere unrühmliche Seite entdeckte Maria N., von der Bevölkerung oft als „die Schlossin" bezeichnet, an ihrem Angetrauten, angeblich bereits auf der Hochzeitsreise: Ignaz interessierte sich mehr für andere Frauen als für sie, besonders für sehr junge. Niemand hatte ihr mitgeteilt, dass ihr Mann eine pädophile Neigung hatte und in seiner Zeit als Bauernknecht ein zwölfjähriges Mädchen bei einer Vergewaltigung schwer verletzt haben soll. Dass er nach einigen Ehejahren sogar unter dem eigenen Schlossdach mit einer jungen Bediensteten ein Verhältnis hatte, war der Schlossherrin zuviel und sie wartete auf eine Gelegenheit, es ihm heimzuzahlen. Diese Gelegenheit bot sich für Maria N. durch den Anschluss Österreichs an NS-Deutschland im Frühjahr 1938. Nun hoffte die betrogene Ehefrau auf strenge Bestrafung und zeigte Ignaz N. – in vollem Wissen über die drohende KZ-Inhaftierung – wegen Unzucht mit Minderjährigen an. Wahrscheinlich im Oktober 1939 wurde Ignaz N. ins Konzentrationslager Mauthausen gebracht, das Häftlingsbuch nennt als Häftlingsnummer 350 und als Häftlingsart „Befristete Vorbeugehaft Deutsches Reich".[4]

Ignaz N.

Maria N.

Als der „Schloss-Naz", der übrigens vor seiner Verhaftung NSDAP-Parteimitglied gewesen sein soll, nach dem Krieg aus Mauthausen zurückkehrte, sei er wohlgenährt gewesen und habe nicht wie ein „KZ-ler" ausgesehen, wird berichtet. Mehrmals seien in den Monaten nach Kriegsende Mauthausener KZ-Häftlinge nach Pichl gekommen, um sich am Kapo Ignaz N. zu rächen. Es war ihm aber stets gelungen, sich zu verstecken.

2. Pichl bei Wels während der NS-Zeit

Gemeinde-Rundsiegel

Wahrscheinlich war Pichl bei Wels in den Jahren der nationalsozialistischen Diktatur und des Zweiten Weltkriegs nicht anders, bedeutsamer, fanatischer oder widerständlerischer als die meisten vergleichbaren Orte. Bei der Volksabstimmung über den „Anschluss an das Altreich" am 10. April 1938 hatten alle 1247 Wahlberechtigten mit Ja gestimmt. Die Pfarrchronik berichtet von einer NSDAP-Ortsgruppe in der Verbotszeit, also vor dem 12. März 1938, „mit glaubhaft 200 Mann und einer Sturmabteilung (SA)-Kampftruppe".[5]
Der Einmarsch Adolf Hitlers war – wie überall – lebhaft, ja enthusiastisch begrüßt worden. Begeistert berichtete die „Welser Zeitung" im März 1938, dass im Pfarrhof Pichl eine Magd in Dienst stehe, deren Mutter und Onkel mit dem Führer in Fischlham die Volksschule besucht hatten.[6] Bereits wenige Monate nach der Machtübernahme wurde im November 1938 Kaplan Karl Huber wegen „Vergehen gegen die Sittlichkeit" (begangen nicht in Pichl, sondern angeblich in einer früheren Pfarre) verhaftet. Er kam zunächst in Polizeihaft und wurde dann bis Kriegsende im KZ Mauthausen inhaftiert. Auch der bekannte Pfarrer Heinrich Steiner aus dem Nachbarort Steinerkirchen wurde denunziert und war von Oktober 1939 bis Mai 1945 Häftling im KZ Dachau.[7] Diese Vorgänge waren für jedermann sichtbar.
Bald wich die ungebremste Begeisterung der Trauer über gefallene Wehrmachtssoldaten. Insgesamt mussten rund 300 Pichler Männer einrücken, knapp die Hälfte davon fiel, starb an direkten Kriegsfolgen oder kehrte nicht mehr heim. Das System von Freund und Feind aber galt bis zuletzt. Als im Februar 1944 ein amerikanischer Bomber über dem Gemeindegebiet abgestürzt war und die drei überlebenden Besatzungsmitglieder gefesselt ins Ortszentrum geführt wurden, erhielten sie heißen Tee. Für diese „Feindbegünstigung" musste man sich später rechtfertigen. Ihre neun toten Kameraden wurden am Friedhof beigesetzt.[8]
Im Ortsgebiet waren – aufgeteilt auf mehrere Lager – Kriegsgefangene, vorwiegend französischer Herkunft, zur Arbeit eingesetzt. Zusätzlich wurden ab 1942 vielen Höfen ZwangsarbeiterInnen aus den eroberten Ostgebieten, also aus Polen, der Ukraine oder Russland, zugewiesen.

Je länger der Krieg dauerte, je mehr Gefallene zu beklagen waren, umso mehr Flüchtlinge aus den „deutschen Ostgebieten" trafen auch in kleinen Orten des Gaues Oberdonau ein. Anfang 1945 befanden sich 800 Flüchtlinge aus Ungarn, Kroatien und Schlesien in Pichl, bemerkt die Pfarrchronik.

Pichler Straßenbild in den 1940er-Jahren.

Die Tatsache systematischer Judenvernichtung, Kriegsverbrechen durch SS oder Wehrmacht, Existenz von Konzentrationslagern sei in Pichl, so berichten viele Zeitzeugen, nicht bekannt gewesen – oder wenn bekannt, dann kein Gesprächsstoff. Ist unbemerkt geblieben, dass auch aus dem „Krähwinkel Pichl", wie die Pfarrchronik den Ort bezeichnet, mehrere Personen abgeholt und ins KZ oder ins Zuchthaus gebracht wurden, die nur zum Teil zurückkehrten?[9] Ist unbemerkt geblieben, dass auch aus Pichl Menschen ins nur gut 20 Kilometer entfernte Hartheim gebracht und dort umgebracht wurden? Ist unbemerkt geblieben, dass im Nachbarort Gunskirchen Ende 1944 ein Konzentrationslager errichtet wurde, in dem US-Truppen bei der Befreiung am 4. Mai 1945 etwa 15.000 lebende und tausende tote KZ-Häftlinge fanden?[10]

Wenn all das unbemerkt blieb, dann verwundert es nicht, dass die Errichtung des „Fremdvölkischen Kinderheims" durch die Nationalsozialistische Volkswohlfahrt (NSV) 1944 im Schloss Etzelsdorf von den meisten Ortsbewohnern ebenso unbemerkt blieb. Und dass sich auch kaum jemand daran erinnert, dass im Herbst 1944 innerhalb weniger Wochen dreizehn Kinder aus Etzelsdorf verstarben und am Friedhof begraben wurden. Zumindest Nachbarn und Personen des öffentlichen Lebens müssen davon Kenntnis gehabt haben! – Es gab mindestens eine Pichler Bauernfamilie, die den Bürgermeister bedrängte, das Kind „ihrer" Zwangsarbeiterin nicht nach Etzelsdorf einzuweisen und die gestattete, dass es – sogar mit Unterstützung der Bauersleute – am Hof großgezogen werde. Warum sollte das geschehen sein, wenn im NSV-Heim alles in bester Ordnung gewesen wäre?

3. Zwangsarbeiterinnen und ihre Kinder

Sie kamen aus Polen, aus Russland, Weißrussland oder der Ukraine. Zu Hunderttausenden wurden sie eingefangen, in Güterwaggons gesteckt und in die Sklaverei des Deutschen Reiches verschleppt. Ab 1940, als die Wehrmacht immer stärker in den Osten drängte, ging das so. Man nannte sie „slawische Untermenschen", die an Stelle der eingerückten Männer und in der Rüstungsindustrie zur Arbeit gezwungen wurden. Nicht nur Männer im arbeitsfähigen Alter zwang man zur Arbeit, auch (und ab 1943 überwiegend) Frauen, egal ob jugendlich oder weit über sechzig Jahre alt. Insgesamt waren 1944 ins „Reich" 1,66 Millionen Polen und 2,17 Millionen sowjetrussische Zivilisten deportiert worden, darunter knapp 1,7 Millionen Frauen. Nach einem Vermerk des damaligen Innenministeriums lebten in den Lagern des Reiches Mitte 1944 geschätzte 141.000 Kinder ausländischer Herkunft.[11]

Erst seit relativ kurzer Zeit widmet sich die historische Forschung dem Schicksal der Ostarbeiterinnen und ihrer Kinder. Klarerweise konnten Ostarbeiterinnen auch schwanger werden, zumal als zweites Motiv ihrer Verschleppung – neben jenem des Arbeitseinsatzes – galt, dass sie den hunderttausenden ausländischen Männern zur Verfügung stehen sollten. Deutsche Frauen hingegen sollten vor „rassischer Versauung", wie Himmler es bezeichnet hatte, verschont bleiben. Und umgekehrt waren deutschen Männern Sexualkontakte zu Zwangsarbeiterinnen aus rassischen Gründen – zumindest in der Theorie – verboten.

Was geschah mit schwangeren Ostarbeiterinnen? War es zunächst so, dass polnische Ostarbeiterinnen im Fall einer Schwangerschaft repatriiert wurden, so bereiteten spätestens ab Mitte 1942 die steigenden Zahlen von Ostarbeiterinnen-Geburten den NS-Behörden ein Problem. Die Frauen waren einige Zeit nicht einsetzbar und vor allem: Wohin mit den Kindern? „Ich habe im Gau Oberdonau Tausende von Ausländerinnen und mache die Feststellung, dass diese schwanger werden und Kinder in die Welt setzen", schrieb der Gauleiter von Oberdonau, August Eigruber, im Juli 1942 an den Reichsführer SS Heinrich Himmler. Im selben Brief beschreibt er sein Dilemma: „Auf der einen Seite möchte ich die Arbeitskräfte nicht verlieren, auf der anderen Seite ist es jedoch untragbar, dass diese Kinder in einem deutschen Haushalt oder im Lager aufgezogen werden."[12]

Die Beantwortung dieser Frage waren Maßnahmen in zwei Richtungen: Einerseits wurden viele Ostarbeiterinnen ihrer ungeborenen Kinder beraubt. Allein in Linz gab es zwischen 1943 und Kriegsende mindestens 972 Zwangsabtreibungen an Ostarbeiterinnen.[13]
Andererseits wurden Mütter ihrer soeben geborenen Kinder beraubt. Kurz nach der Geburt, manchmal unmittelbar danach, entzog man die Kinder ihren Müttern (die sofort wieder an ihre Arbeitsstellen in Landwirtschaft oder Industrie mussten) und steckte sie in Heime. Die Einweisung erfolgte durch Gauarbeitsämter bzw. Kreisbauernführer, die Gemeindeärzte hatten für jedes Kind auf einem „Einweisungsbogen" die Seuchenfreiheit zu bestätigen. Den Zwangsarbeiterinnen wurde für die unfreiwillige Fremdunterbringung ihrer Kinder ein großer Teil des ohnehin kärglichen „Lohns" abgezogen. Die Heime, genannt „Ausländerkinder-Pflegestätten" oder „Fremdvölkische Kinderheime" standen unter dem Oberbefehl von Dr. Erich Hilgenfeldt, dem Hauptamtsleiter der NSV (Nationalsozialistische Volkswohlfahrt).
Im Gau Oberdonau befand sich das größte „Fremdvölkische Kinderheim" ab März 1943 im „Lindenhof" in Spital am Pyhrn, einem ehemaligen Gasthof. Der Lindenhof war nicht nur als Betreuungs-, sondern auch als Versuchsstation angelegt, in der man Erkenntnisse über den Betrieb der Heime, die Ernährung der Säuglinge und die rassische Selektion gewinnen wollte. Bereits wenige Monate nach der Eröffnung, als erste Todesfälle auftraten, schlug der Kirchdorfer Amtsarzt Alarm.[14]
Hauptamtsleiter Hilgenfeldt persönlich begab sich gemeinsam mit dem NSV-Gauamtsleiter von Oberdonau, Franz Langoth, nach Spital am Pyhrn, um den Lindenhof zu inspizieren. Hilgenfeldts Lagebericht an den Reichsführer SS, Himmler, ist nicht nur eine ungeschminkte Beschreibung der Zustände, sondern stellt auch die Grundsatzfrage:
„Bei der Besichtigung habe ich festgestellt, dass sämtliche in dem Heim befindlichen Säuglinge unterernährt sind. Wie mir SS-Oberführer Langoth mitteilte, werden aufgrund einer Entscheidung des Landesernährungsamtes dem Heim täglich nur 1/2 Liter Vollmilch und 1 1/2 Stück Zucker für den einzelnen Säugling zugewiesen. Bei dieser Ration müssen die Säuglinge nach einigen Monaten an Unterernährung zugrunde gehen.

Der Lindenhof in Spital am Pyhrn.

August Eigruber

Heinrich Himmler

Franz Langoth

Erich Hilgendfeldt

Es wurde mir mitgeteilt, dass bezüglich der Aufzucht der Säuglinge Meinungsverschiedenheiten bestehen. Zum Teil ist man der Auffassung, die Kinder der Ostarbeiterinnen sollen sterben, zum anderen Teil der Auffassung, sie aufzuziehen. Da eine klare Stellungnahme bisher nicht zu Stande gekommen ist und, wie mir gesagt wurde, man „das Gesicht gegenüber den Ostarbeiterinnen wahren wolle" gibt man den Säuglingen eine unzureichende Ernährung, bei der sie, wie schon gesagt, in einigen Monaten zugrunde gehen müssen... Es gibt hier nur ein Entweder-Oder. Entweder man will nicht, dass die Kinder am Leben bleiben – dann soll man sie nicht langsam verhungern lassen und durch diese Methode noch viele Liter Milch der allgemeinen Ernährung entziehen; es gibt dann Formen, dies ohne Quälerei und schmerzlos zu machen. Oder aber man beabsichtigt, die Kinder aufzuziehen, um sie später als Arbeitskräfte verwenden zu können. Dann muss man sie aber auch so ernähren, dass sie einmal im Arbeitseinsatz vollwertig sind ...
Ich bitte Sie, eine grundsätzliche Entscheidung zu treffen, die auch deshalb notwendig ist, weil die Errichtung eines zweiten Säuglingsheimes für Ostarbeiterinnen in Kürze beabsichtigt ist, da das in Spital am Pyhrn gelegene Heim mit zur Zeit 62 Säuglingen überfüllt ist."[15]
Himmlers Antwort darauf: „Wenn wir schon durch die Errichtung solcher Heime die Frage in positivem Sinne anfassen, müssen wir auch Sorge tragen, dass die Kinder aufgezogen werden können."[16] An Eigruber schrieb der Reichsführer SS: „Wie ich jetzt höre, sollen die Säuglinge in Spital am Pyhrn, wo Sie versuchsweise ein Säuglingsheim eingerichtet haben, durchwegs unterernährt sein."[17]

In den folgenden Wochen kam es zu einem Briefwechsel zwischen Gauleiter Eigruber und Reichsführer SS Himmler, in dem es vor allem um rassische Prognosemöglichkeiten für die sehr jungen Kinder und um pädagogische Fragen („Welche Sprache sollen die Kinder erlernen und in welchem Geist sollen sie erzogen werden?"[18]) ging. Dieser Diskurs war philosophisch, denn in Wahrheit kämpften die Säuglinge in allen Ausländerkinderpflegestätten des Reiches ums Überleben.

Am Lindenhof.

Auch am Lindenhof dauerte das Sterben der Kinder indes an. Nur zwei Wochen nach dem Besuch Hilgenfeldts und Langoths am Lindenhof meldete der Kirchdorfer Amtsarzt nach Berlin, dass seit dem 13. August weitere fünf Kinder an Lebensschwäche, Unterernährung und Fehlernährung verstorben waren. Insgesamt verstarben nach Forschungen der Linzer Zeitgeschichtlerin Dr. Gabriella Hauch zwischen Juni 1943 und Jänner 1945 am Lindenhof 36 Kinder von Zwangsarbeiterinnen.[19]

Bereits im Juli 1942 hatte Gauleiter Eigruber vorgeschlagen, zwei Heime für Zwangsarbeiterinnenkinder zu errichten und war dazu von NSV-Chef Hilgenfeldt beauftragt worden. Nach dem Grundsatzbescheid Himmlers ging es nicht mehr nur darum, die Kinder in bereits bestehenden Heimen am Leben zu erhalten, sondern auch weitere Heime zu errichten. Diese Aufgabe wurde ab Herbst 1943 im Gau Oberdonau von der NSV-Abteilung „Finanz und Recht" in Person von Fr. Dr. Praxmarer wahrgenommen, die ihren Sitz im „Caritas-Haus" an der Seilerstätte 14 in Linz hatte. Wieviele Heime in Oberdonau tatsächlich errichtet wurden und auch in Betrieb gingen, lässt sich nicht mehr genau feststellen, es dürfte etwa ein knappes Dutzend gewesen sein. Über folgende Standorte sind im OÖ. Landesarchiv Akten erhalten: Schloss Etzelsdorf/Pichl, Schloss Windern/Desselbrunn, Burgkirchen/Mauerkirchen, Schwanenstadt, Braunau, Klam bei Perg, Weng/Hofkirchen, Lindenhof Spital am Pyhrn, Wilhelming/Utzenaich, Waldschloss Schardenberg. Im Oktober 1944 waren insgesamt 220 Kinder von Ostarbeiterinnen in NSV-Heimen untergebracht. Die zweite „Ausländerkinderpflegestätte" (nach dem Lindenhof) war wahrscheinlich jene im Schloss Etzelsdorf in Pichl.

4. Errichtung des NSV-Kinderheims Schloss Etzelsdorf

Warum man gerade hier ein Heim für fremdvölkische Kinder einrichten wollte, wie man auf das – so gut wie leerstehende – Gebäude aufmerksam wurde und wer den Kontakt herstellte, lässt sich heute nicht mehr sagen. Allerdings gibt es mehrere mündliche Überlieferungen, die in diesem Zusammenhang interessant erscheinen. So wird berichtet, dass der Schlossbesitzer Ignaz N. nach einiger Zeit aus dem KZ Mauthausen entlassen werden sollte, was seine Frau Maria N. – angeblich inzwischen in Liaison mit einem im Schloss wohnenden Mitarbeiter – unter Hinweis auf die Gefährlichkeit des Mannes zu verhindern wusste. Sie habe sich nach „Berlin" gewandt und den Verbleib des Schlossherrn in Mauthausen erwirkt. Gut möglich, dass man dadurch an irgendeiner Dienststelle auf Schloss Etzelsdorf aufmerksam wurde.

Eine andere Zeitzeugin erinnert sich, dass sie als BDM-Mädchen einmal zum Schloss beordert wurde, um einen höherrangigen NS-Offizier, einen „großen Deutschen mit Schirmkappe" zu begrüßen. Leider erinnert sie sich nur mehr an die Tatsache, ein Gedicht aufgesagt zu haben, nicht aber an die näheren Umstände oder gar den Namen des Besuchers. Möglicherweise stimmt, was vereinzelt als Gerücht auftaucht, dass sich eine sehr hohe NS-Größe (genannt wurden Göring und Hess) für das kleine Schloss interessierte. Viele Nazi-Bonzen hatten ja im Alpen- oder Voralpenland ein Wochenend- bzw. Fluchtdomizil eingerichtet. Dies alles ist Spekulation, daher zurück zu den Tatsachen:

Ab Herbst 1943 ist das Interesse der NSV an Schloss Etzelsdorf durch Schriftstücke im OÖ. Landesarchiv in Linz nachvollziehbar.[20] Der „Raumaufnahmeplan" des Kreisbauamtes Wels stammt vom Oktober 1943 und trägt den Vermerk:

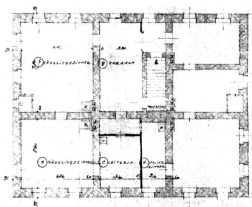

Detail aus dem Umbauplan der NSV-Bauabteilung vom 15. Februar 1944

„Die Räume werden von der NSV-Kreisamtsleitung angefordert." Eine Landratskomission besichtigte das Schloss am 28. 12. 1943, am 4. 1. 1944 wurden die Instandsetzungsarbeiten bei einer Besichtigung mit dem Welser NSV-Kreisamtsleiter, Pg. Parzermayer beschlossen. Als Bauleiter fungierte Ing. Hauer von der Bauabteilung im NSV-Gauhauptamt in Linz, mit der Bauführung wurde Baumeister Linsboth aus Wels beauftragt. Die Gesamtbausumme war mit 9.883,75 Reichsmark festgesetzt. Der Einreichplan der Bauabteilung ist mit 15. 2. 1944 datiert, am selben Tag wurde um „Baurechtsverbotausnahme" angesucht, da in dieser Zeit jegliche Verwendung von Roh- oder Werkstoffen ausschließlich Rüstungszwecken vorbehalten war. Der Ausnahmebescheid vom Bauverbot im Gau Oberdonau erging kurz darauf.

Das Kinderheim umfasste lt. Bauplan und Mietwertfestsetzung folgende Räumlichkeiten: im Erdgeschoß eine Küche und eine Waschküche; im ersten Stock zwei Säuglingszimmer (50 und 35 m^2), ein Leiterinnenzimmer, ein Vorraum und ein Isolierzimmer; im Dachgeschoss zwei Personalkammern.

Es ist nicht auszuschließen, dass es für die Errichtung der NSV-Heime einen Generalplan nach dem Vorbild des Lindenhofs in Spital am Pyhrn gab, der auf die jeweiligen Objekte hin konkretisiert wurde. In der Phase der Errichtung tauchen die Bezeichnungen „(Prov.) Kinderheim bzw. Säuglingsheim für fremdvölkische Kinder" und „Ausländerkinder-Pflegestätte" auf.

Zwei NSV-Stempel.

Ein Schriftverkehr zwischen Schlossbesitzerin Maria N., (meist vertreten durch ihren Rechtsanwalt Dr. Berger aus Wels) und der NSV-Gauhauptamtsleitung in Linz, Seilerstätte 14 (vertreten durch Dr. Praxmarer von der Finanz-Rechtsstelle,) ist erhalten. Geklärt wird darin „die zweckmäßige und sachgemäße Unterbringung wertvoller Möbel und der alten Schlossbibliothek", deren Wert von der Schlossbesitzerin auf 10.000 Reichsmark geschätzt wurde. Weitere Themen waren die Beanspruchung der Räume, der Einbau einer Wasserpumpe, der Brandschutz im Schloss sowie die Unterbringung des künftigen Personals. So schlug Maria N. kurz vor der Inbetriebnahme des Heims noch vor, das „ukrainische Personal" im Wirtschaftsgebäude im Hof einzuquartieren, da durch evt. Rauchen in der Dachkammer Brandgefahr bestehen könne.

Die Antwort aus dem NSV-Gauhauptamt zeigt, wie wenig Vertrauen man den Mitarbeiterinnen gegenüber hatte. Die Unterbringung im Wirtschaftsgebäude sei unmöglich, „weil dann keine Aufsicht auf die Ukrainerinnen geführt werden kann und diese ständig fort sein oder Besuche empfangen können". Erwähnt wird in diesem Antwortschreiben auch ein „Wirtschaftsführer" von Frau N., es dürfte sich dabei um den ab 1941 im Schloss wohnhaften Franz N. handeln, der der Schlossbesitzerin nahestand.

Schloss und Wirtschaftsgebäude (Westansicht)

Der Schlossherrin blieben an eigenen Räumlichkeiten zwei große Zimmer im Erdgeschoß und drei kleinere Räume im ersten Stock. Für die Waschküche ließ sie sich die Genehmigung festschreiben, „an gewissen Tagen im Monat die Waschküche zu benützen und darin an ungefähr acht Tagen Schnaps zu brennen". Gänge und Stiegen im Haus sowie der „Abort im Erdgeschoss" wurden von Vermieterin und Mietern gemeinsam genutzt. Für den Wiesenplatz hinter dem Haus wurde die Nutzung „als Wäschetrockenplatz und Aufenthaltsraum für die Kinder" vereinbart. Aus den Unterlagen ist übrigens nicht erkennbar, welche Dimension das Heim erhalten sollte, nur einmal ist sehr vage von der „Unterbringung einer so großen Anzahl von Personen" die Rede.

Über die Eigentums- und Rechtsverhältnisse des Heims besteht Unklarheit. Einerseits wird ein monatlicher Mietzins von rund 100,– Reichsmark festgelegt, andererseits existiert mit Datum von 12. 4. 1944 ein Beschlagnahmebescheid für das Schloss. Dieser scheinbare Widerspruch macht es schwer, sechzig Jahre nach den Ereignissen zu erspüren, ob die Überlassung im Interesse der Schlossbesitzerin oder aber nicht zu verhindern war. Der offizielle Mietvertrag wurde „über Auftrag des Gauleiters" erst am 12. 2. 1945 zwischen Maria N. und Gauhauptamtsleiter Pg. Wolfsgruber unterzeichnet, er galt rückwirkend ab 15. 5. 1944.

5. Leben und Sterben im Kinderheim

Am 3. Juli 1944 meldete Baumeister Linsboth an den NSV-Gauhauptamtsleiter Pg. Wolfsgruber den Abschluss der Bauarbeiten, nur noch ein „Küppersbusch-Kochherd" fehlte mangels Bezugsmarken. Im Ort Pichl war zu diesem Zeitpunkt gerade ein „Mütterschulungs-Lehrgang des Deutschen Frauenwerkes" über häusliche Näharbeiten erfolgreich abgeschlossen worden. Und im Gemeindeamt brodelte es, denn die Ablöse von Bürgermeister Pg. Engelbert M. stand unmittelbar bevor.
Die erste Person, die nach Auskunft der Meldeakten am Gemeindeamt Pichl, am 2. 7. 1944 ins neue Kinderheim einzog, war Heimleiterin Imelda M., eine aus Bludenz stammende, 25-jährige Kinderkrankenschwester, die zuvor im Lindenhof in Spital am Pyhrn tätig war. Sr. Imelda verbrachte ihre Kindheit im Mühlviertel, wo ihr Vater am Bau des Kraftwerks Partenstein beteiligt war und besuchte dann die Krankenpflegeschule in Linz. Als Religionsbekenntnis wird am Meldebogen „gott-

Imelda M.

gläubig" eingetragen, was ein Indiz für ihre klare NS-Überzeugung ist. Die Leiterin verbrachte die ersten Wochen im Schloss damit, ihr Personal zu rekrutieren. So trafen am 17. Juli 1944 die Köchin Alfreda J. (geboren 1909 in Scharnstein, zuvor in Freistadt tätig) und die Wirtschaftshilfe Maria H. aus Frankenmarkt ein. Maria H., genannt Mitzi, spielt für die Beleuchtung des Lebens im Kinderheim eine wichtige Rolle, da ihr Tagebuch aus dieser Zeit bis heute erhalten ist. Sie erwartete damals selbst ein Kind und könnte durch ein gutes Wort ihrer Schwester Hanni, einer Freundin und Kollegin von Imelda H., im Heim untergekommen sein. Mitzi H. hatte in den Jahren zuvor mehrmals den Posten gewechselt und fand nach den Ereignissen im Pfarrhof Friedburg keine rechte Ruhe mehr. Dort war sie als Pfarrhaushälterin tätig, als Pfarrer Josef Forthuber im Juni 1942 eines Morgens nackt am Dachboden erhängt aufgefunden wurde. Von der ihm feindlich gesonnenen NS-Ortsgruppe wurde ein Tod bei Sexualpraktiken kolportiert, doch Mitzi H. und viele andere glaubten nicht daran. Später hat sich ein Gerichtsverfahren mit dem Fall beschäftigt, die Wahrheit ist bis heute im Dunkeln.[21]

Im Mai 1944 war Mitzi H. der NSV vom Arbeitsamt als Haushaltshilfe zugewiesen worden, nun war sie in Pichl gelandet. Ihrem Tagebuch vertraute sie am 17. Juli an, dass es ihr gefalle, die Kinder aber noch nicht angekommen seien und es wenig Arbeit gäbe.[22]

Eine nicht unbedeutende Rolle im Kinderheim dürfte Hermine H. gespielt haben. Die Haushälterin des 1942 tödlich verunglückten Pichler Gemeindearztes ist zumindest namensgleich, vielleicht sogar identisch mit jener „Pg H.", die mehrfach als Kontaktperson zum NSV-Gauamt aufscheint.

Hermine H.

Am 2. August 1944 werden die beiden ersten Kinder nach Etzelsdorf eingeliefert. Die Pichler Dorfbevölkerung wird davon kaum Kenntnis erhalten haben. Mehr Aufsehen wird in diesen Tagen die Feier des 40-jährigen Priesterjubiläums von Pfarrer Josef Einberger erregt haben.[23]

Die „fremdvölkischen Kinder" kamen überwiegend aus Orten der näheren und weiteren Umgebung, in denen ihre Mütter auf Bauernhöfen arbeiten mussten. Es war den Müttern erlaubt, die Kinder an Sonntagnachmittagen zu besuchen. Die konkrete Betreuung und Pflege oblag (unter Aufsicht der Heimleiterin) jüngeren Zwangsarbeiterinnen, die zum Teil selbst Kinder im Heim hatten.

Unter den ersten nach Etzelsdorf gebrachten Kinder waren Paul S. und Wladimir S., Söhne einer Polin bzw. Ukrainerin, die im nicht weit entfernten Dorf Bachmanning im Einsatz waren. Die Buben waren etwa sechs Wochen alt, als sie ins Heim kamen; bald darauf waren sie tot. Sie verstarben wie elf weitere Säuglinge innerhalb weniger Wochen im Spätherbst 1944. Von den 39 bis Jahresende 1944 ins Heim gebrachten Kindern verstarben 13, nach durchschnittlicher Aufenthaltszeit von sieben Wochen. Die meisten verstorbenen Kinder waren etwa vier Monate alt und wurden namenlos am Ortsfriedhof begraben (siehe Liste).

Als erstes Kind verstarb am 18. 10. 1944 Kasimir S., der knapp vier Monate alte Sohn der Polin Stanislawa S., die auf einem Bauernhof in Taufkirchen an der Trattnach arbeiten musste. Die Altbäuerin des Hofes, Maria A., erinnerte sich bei einem Interview im Mai 2003 noch sehr gut an den kräftigen Buben und an die Tränen seiner Mutter. Einige Auszüge aus den Erinnerungen von Maria A.:

LISTE DER VON 1. 8. BIS 31. 12. 1944 NACH ETZELSDORF GEBRACHTEN KINDER[24]

Name, Geburtsdatum, Nationalität	Ankunft am: Woher?	Todesdatum, Todesursache
W. Theodor, 21.11.1943, Russland	31.07.1944, Thalheim	
S. Pauli, 14.06.1944, Polen	02.08.1944, Bachmanning	24.11.1944
W. Wladimir, 20.06.1944, Ukraine	02.08.1944, Bachmanning	08.12.1944, Furunkulose
H. Iwan, 27.05.1944, Russland	11.08.1944, Gunskirchen	
S. Nina, 16.02.1944, Ukraine	11.08.1944, Wels	
K. Jan, 04.06.1944, Polen	23.08.1944, Sattledt	
B. Josef, 11.04.1944, Russland	01.05.1944, Pichl	
S. Stefan, 26.06.1944, Polen	26.08.1944, Pichl	04.11.1944, Adynamia
K. Zygmunt, 19.07.1944, Polen	25.08.1944, Sipbachzell	28.11.1944, Dystrophie
S. Bala, 21.04.1944, Polen	25.08.1944, keine Angabe	
K. Maria, 31.03.1944, Polen	06.09.1944, Piberbach	
D. Johann, 16.07.1944, Polen	11.09.1944, Gunskirchen	01.11.1944, Adynamia
S. Sonja, unbekannt, Polen	11.09.1944, Weibern	
M. Antoni, unbekannt, Polen	11.09.1944, Wels	
P. Tamara, 25.01.1944, Russland	14.09.1944, Bachmanning	
S. Franz Ernst, 31.07.1944, Polen	20.09.1944, Leonding	04.11.1944, Dystrophie
R. Maria, 05.02.1944, Polen	20.09.1944, Leonding	
J. Peter, 29.04.1944, Ukraine	27.09.1944, Leonding	
K. Irina, 15.06.1944, Russland	28.09.1944, Spital am Pyhrn	
N. Renate, 24.06.1944, Ukraine	26.09.1944, Steinerkirchen	
S. Kasimir, 21.08.1944, Polen	01.10.1944, Taufkirchen/Tr.	18.10.1944, Dystrophie
W. Anna, 11.08.1944 (Findelkind)	01.10.1944, Rüstdorf	26.10.1944, Dystrophie
B. Edmund, 20.12.1943, Russland	14.10.1944, Leonding	
P. Wladimir, 24.12.1943, Russland	18.10.1944, Stadl-Paura	
S. Wladimir, 01.12.1943, Russland	24.10.1944, Asten bei Linz	
L. Gertrude, 27.03.1943, Ukraine	24.10.1944, Linz	
F. Stefani, 01.06.1944, Polen	03.11.1944, Hargelsberg	
S. Josef, 01.04.1944, Polen	10.11.1944, Steyr	
P. Halina, 1943, (keine Ang.)	10.11.1944, Hofkirchen	
M. Jan, 17.08.1944, Ukraine	13.11.1944, Steyr	22.12.1944
S. Wanda, 25.09.1944, Polen	15.11.1944, Wels	02.12.1944, Dystrophie
I. Victor, 07.10.1944, Russland	24.11.1944, Kematen	03.12.1944, Dystrophie
L. Johann, 9.01.1944, Russland	24.11.1944, Sattledt	
P. Jeane-Pierette, 14.10.1944, Frankr.	28.11.1944, Traun	19.12.1944, Lungenentzünd.
M. Katharina, 23.05.1944 (k. Ang.)	30.11.1944, Natternbach	09.12.1944, Dystrophie
K. Norbert, 25.05.1944 (k. Ang.)	28.11.1944, Linz	
S. Luba, 14.09.1944, Russland	04.12.1944, Sipbachzell	
P. Halina, 25.10.1943, Russland	16.11.1944, Grieskirchen	
O. Laura, 14.09.1944, Ukraine	25.11.1944, Steinhaus	

„Stanislawa und ich erwarteten zur selben Zeit ein Kind. Sie konnte weder lesen noch schreiben und war in ihrer polnischen Heimat von der Straße weg verfrachtet worden. Bevor sie zu uns kam, war sie auf einem anderen Hof im Einsatz. Als sie zu uns kam, war sie bereits im 5. Monat schwanger. Meine Frage, wer der Vater des Kindes sei, konnte sie nicht beantworten. Sie erzählte, dass rund zehn Männer, junge Burschen und Altbauern zu ihr gekommen seien und sie sich gefügig gemacht hätten.

Zur Niederkunft wurde sie von einem Soldaten ins Durchgangslager 39 nach Linz gebracht. Als das Kind geboren war, musste sie sofort aufstehen und in der Geburtsbaracke Wäsche waschen. Während der Entbindung bemerkte sie, wie ein anderes Neugeborenes in einem Eimer ertränkt wurde. Nach ein paar Tagen kehrte sie mit dem Sohn, der nach dem Großvater Kasimir hieß, auf den Hof zurück. Das Kind, ein großer fester Bub, bekam im Bauernhaus ein Bettchen und seine Mutter umsorgte ihn gut. Nach ein paar Wochen kam vom Gemeindeamt die Anweisung, dass das Kind nach Etzelsdorf zu bringen sei. An einem Sonntag fuhr man traurig mit dem Zug nach Wels, anschließend mit dem Autobus nach Pichl und lieferte das Kind im Heim ab. Bald bekam es Abszesse und kurze Zeit später traf ein Telegramm ein: „Kasimir gestorben". Der Altbauer begleitete Stanislawa am darauffolgenden Freitag zum Begräbnis nach Pichl, an dem auch einige polnische Landsleute teilnahmen. Kasimir wurde in einer Holzkiste beigesetzt. Er habe schlechtes Blut gehabt, teilte man der tieftraurigen Mutter mit. Später habe ich erfahren, dass die Kinder im Heim an die Stäbe ihrer Gitterbetten angebunden waren. Sie schrien, solange sie konnten, danach hätten sie nur noch gewackelt. Kurze Zeit nach dem Tod ihres Sohnes wurde Stanislawa nach Linz versetzt."

An die Mutter eines weiteren in Etzelsdorf verstorbenen Kindes, nämlich Stefan S., erinnert sich eine andere Altbäuerin, Maria H.:
Die Ukrainerin Maria S. war auf einem Hof in Pichl als Zwangsarbeiterin eingesetzt. Mit einem polnischen Zwangsarbeiter vom Nachbarhof ging sie ein Verhältnis ein und im Juni 1944 wurde Sohn Stefan geboren. Im Alter von zwei Monaten, Ende August 1944, wurde Stefan ins Heim beordert. Weitere zwei Monate später, Anfang November 1944, starb das Kind an einer Lungenentzündung. Seine Mutter, Maria S., überlebte den Krieg und kehrte in die Ukraine zurück. Im Jahr 2001 hat sie sich um eine Entschädigungszahlung durch die Republik Österreich beworben. Wenige Wochen vor einer im Frühjahr 2003 versuchten telefonischen Befragung ist sie verstorben.

Maria S.

Mit Stefans Vater.

Bezeugt werden die Etzelsdorfer Todesfälle durch das Totenbuch der Gemeinde, durch die Eintragungen von Pfarrer Einberger ins Totenbuch der Pfarre, durch die akribischen Aufzeichnungen des Mesners Johann Leidlmayr und durch das Totenbeschaubuch des zuständigen Arztes.

Drei Diagnosen tauchen darin entweder einzeln oder kombiniert bei den meisten Todesfällen auf: „Dystrophie" (= Verhungern), „Adynamia cordis" (= Kraftlosigkeit, Schwäche) und „Furunculosis" (Hauterkrankung infolge mangelnder Hygiene). Vereinzelt ist auch von Lungenentzündung oder frühgeburtsbedingter Schwäche die Rede.

Pfarrer Einberger

Der Arzt, der sich im Herbst 1944 gut ein Dutzend Mal auf den Weg ins Schloss Etzelsdorf machte, um dort den Tod von Säuglingen festzustellen, hieß Dr. Konstantin Kebalo. Er stammte aus Lemberg, Ukraine und war von dort vertrieben worden. Als im September 1944 der für Kematen, Krenglbach, Pichl und Meggenhofen zuständige Gemeindearzt von Kematen, Dr. Engelbert Pachler, zur Wehrmacht einberufen wurde, übernahm Dr. Kebalo seine Vertretung. 1949 emigrierte Kebalo mit seiner Familie in die USA und widmete sich dort der Behandlung behinderter Kinder.

Mesner Leidlmayr

Weder seine Tochter noch einer seiner Söhne kann sich erinnern, dass der Vater je über die Kinder von Etzelsdorf gesprochen habe. „Es dürfte wohl zu schmerzhaft für ihn gewesen sein", mutmaßt Sohn Orest. Tatsächlich hatte Dr. Kebalo sich in keinem Fall bemüht, die Todesursachen zu beschönigen, wie das in NS-nahen Medizinkreisen damals durchaus praktiziert wurde.

Arzt Dr. Kebalo

Das Leichenbeschaubuch des Gemeindearztes von Kematen bezeugt, dass die Hälfte aller Todesfälle im letzten Quartal 1944 das NSV-Heim betraf.

Faksimilie aus dem Totenbuch der Pfarre Pichl.

Immer wieder verwies man bei Befragungen darauf, dass zur Zeit des Zweiten Weltkrieges allgemein viele Kinder verstorben sind und dass damals ja eine höhere Kindersterblichkeit geherrscht habe. Ohne auf das Argument näher einzugehen, ist darauf hinzuweisen, dass im Jahresvergleich 1944 um 12 Verstorbene mehr beerdigt wurden als im Jahr 1943. Diese zwölf Verstorbenen hatten drei übereinstimmende Merkmale: keines war älter als sechs Monate, sie waren Kinder von Zwangsarbeiterinnen und sie wohnten an der selben Adresse, nämlich „Etzelsdorf 1".

Die genau Lokalisierung der Kindergräber am Kirchenfriedhof Pichl ließ lange auf sich warten. Solange, bis sich im Herbst 2004 eine Frau meldete, die sich als Kind um die Etzelsdorfer Gräber gekümmert hat. Durch ihre Hinweise ist zumindest ungefähr bekannt, in welchem Teil des Friedhofs die Kinder beigesetzt worden sind.

Dreizehn im Herbst 1944 verstorbene Kinder sind dokumentiert. Anfang 1945 kam eine neue Leiterin ins Kinderheim Etzelsdorf, danach sind keine Todesfälle mehr verzeichnet. Es gibt allerdings einen glaubwürdigen Bericht, dass auch im Frühjahr 1945 mindestens drei weitere Kinder verstorben sind. Wo sind sie begraben? Warum existieren keine Aufzeichnungen? Hinter vorgehaltener Hand wird noch heute gelegentlich gemunkelt, dass in einem der Etzelsdorfer Schlossteiche Kinderleichen liegen sollen ...

Postkarte von Pichl aus der Kriegszeit. Die Gräber der Kinder von Etzelsdorf befinden sich in dem rechts vom Kirchturm gelegenen Teil des Friedhofs.

Über die Betreuung der Kinder liegen widersprüchliche Angaben vor. Einerseits betonen ZeitzeugInnen, dass es den Säuglingen gut gegangen sei, dass sie adrett gekleidet und mit Nahrung ausreichend versorgt waren. Andererseits ist zu erfahren, dass die Kinder (von denen manche gegen Kriegsende bereits fast zwei Jahre alt waren) nicht gesprochen oder Laute gebildet hätten. Die meisten Kinder wiesen Hospitalisierungserscheinungen auf. Man habe die Kinder zwar am Leben erhalten, aber ihnen minimale Zuwendung gegeben. So war es nicht üblich, die Kinder mit ihrem Namen anzusprechen. Für die Pflege der Kinder waren junge Ostarbeiterinnen eingesetzt. Welche Qualität diese Pflege hatte, ist nicht mehr feststellbar. Die Todesrate in der ersten Phase des Heimes lässt aber Rückschlüsse auf mangelhafte Betreuung, schwerwiegende Vernachlässigung und fehlende Kontrolle zu.

Ein Gerücht erzählt, dass die Heimleiterin einen Teil der vom Nachbarn erworbenen Milch für Schwarzmarktverkäufe abgezweigt und den Rest mit Wasser verdünnt habe. Der Altbauer des betreffenden Hofes kann sich solches Vorgehen aber nicht vorstellen.

Eine Zeitzeugin will sich an mit Spreu gefüllte Säcke erinnern, die den Kindern als Bettchen dienten. Außerdem seien oft bei Nacht die Fenster offen gestanden. Eine andere Augenzeugin hingegen berichtet von guter Behandlung und davon, dass es damals ja allen schlecht ging und sie sich sogar an den Stoffen der Kinder vom Heim leid sah, etwa an jenem „gelbglänzenden Kleiderstoff, den ein LKW ins Schloss gebracht hatte". Wahrscheinlich stammt diese Erinnerung aus der Zeit nach Kriegsende und es wird wohl ein amerikanischer LKW gewesen sein.

Einblicke in das Leben im Kinderheim geben die Eintragungen im Tagebuch der Küchengehilfin Mitzi H., die damals selbst ein Kind erwartete:
- 8. August 1944: Nun bin ich in der Säuglingsstation zur Aushilfe. Heute war eine Frau vom Gau hier, die sich von mir mit den Worten verabschiedete: „Sparen Sie sich Ihre Kraft für Ihren neuen Einsatz!" Ich frage mich, was das bedeuten soll.
- 11. August: Dienst bei den Kindern. Ich kann dieses Geschrei und Gestinke schwer ertragen. Lieber Gott, lange darf das nicht dauern, sonst gehen mir meine Nerven durch.

Mitzi H.

- 12. September: Heute hatte ich einen schweren Tag, da ich vertretungsweise bei den Kindern sein musste. Ich werde immer ganz nervös und konfus. Ein ganzer Tag dieses Geschrei und besonders das Windeln, wenn die Kinder so schmutzig sind.
- 17. September: Heute an die 100 Stück Windeln gewaschen. Ja, das ist mein Sonntagsvergnügen.

Zwischen so ernüchternden Einträgen ist immer wieder zu lesen, wie gut sich Mitzi mit Leiterin Sr. Imelda und Köchin Freda versteht und wie sehr diese Frauen sich um die Schwangere kümmern. Einmal nähte sie mit Sr. Imelda sogar Babysachen für das Kind in ihrem Bauch. Mit derselben Sr. Imelda, die kurze Zeit später wöchentlich das Gemeindeamt aufsuchen wird, um dort eigenhändig den Tod von Kindern aus ihrem Heim zu bestätigen ...

Denn in der Zwischenzeit spitzte sich die Gesundheitslage im Schloss zu und Mitzis nächste Eintragungen klingen depressiv, ja dramatisch:
- 18. Oktober: Unser erstes Kind Kasimir gestorben.
- 20. Oktober: Kasimir heute begraben, aber wie arm das ausgesehen hat! Pascha *(eine ukrainische Betreuerin)* und Schwester gingen hinterher, dann der Totengräber, Mesner und Pfarrer. Ich werde von Tag zu Tag schwermütiger.
- 26. Oktober. Anna gestorben.
- 1. November: Johann gestorben. Innerhalb von drei Tagen ist das Kind krank geworden und gestorben.
- 3. November: Franz-Ernst gestorben. Ich sehe schon lauter tote Kinder vor mir. Mein Gemüt ist ein trauriger Trümmerhaufen. Ich könnte weinen, weinen, weinen.
- 4. November: Stefan Lungenentzündung. Johann begraben. Passt alles ausgezeichnet zu meiner Stimmung.
- 5. November: Stefan gestorben, bei uns ist ein Massensterben.
- 9. November: Buddha *(dürfte ein Kosename sein)* gestorben und Katja. Der 11. Todesfall.

Anfang Dezember 1944 verließ Mitzi H. Etzelsdorf. Sie reiste nach Linz, wo sie einen Sohn zur Welt brachte. Als sie einige Monate später, im März 1945, den Dienst in einem anderen NSV-Kinderheim antreten soll, in Mauerkirchen, notiert sie in ihr Tagebuch: „Jetzt soll ich in dieses Heim, das ja gar kein Heim ist. Lauter kranke Kinder und dieser primitive Betrieb!"

5. Große Veränderungen ab Jänner 1945

Der Verlauf des Krieges und das Vorrücken der Roten Armee im Osten führte zu Verlegungen mehrerer Institutionen westwärts. So bezog nicht nur die hitlerfreundliche slowakische Regierung unter Prälat Jozef Tiso Quartier im Stift Kremsmünster, auch die Ungarische Nationalbank – einschließlich Goldschatz und Stephanskrone – übersiedelte von Budapest nach Oberdonau. Genauer gesagt, in den Lindenhof Spital am Pyhrn. Die dort untergebrachten Ostarbeiterinnen-Kinder teilte die NSV auf mehrere Fremdvölkischen Kinderheime auf. Der Großteil von ihnen kam nach Pichl, andere nach Braunau bzw. Schwanenstadt.[25]

Am 18. Jänner 1945 wurden 26 Kinder aus dem Lindenhof mit ihren Betreuerinnen nach Etzelsdorf verlegt. Eine Woche später kam ein letzter Nachzügler, danach erfolgten bis Kriegsende keine Zuweisungen mehr.

Im Frühjahr 1945 erreichte Schloss Etzelsdorf mit insgesamt 65 Kindern und 14 Betreuerinnen seine größte Belegung. Unter den NSV-Kinderheimen im Gau Oberdonau war Etzelsdorf eines der größeren, was sich auch in den im OÖ. Landesarchiv befindlichen NSV-Kassajournalen ausdrückt. Die Durchschriften der Gehaltsauszahlungen an die Bediensteten sind bis heute erhalten.

Der Lindenhof wurde Anfang 1945 geräumt.

In diesen Tagen wechselte auch die Leitung des Heimes. Es lässt sich heute nicht mehr sagen, ob Sr. Imelda M. nach den Todesfällen Ende 1944 ihre Stellung verordnet oder freiwillig aufgab. Einer Zeitzeugin zufolge wurde sie ersetzt, weil zuviele Kinder gestorben waren. Sie übersiedelte am 1. Februar 1945 nach Neumarkt im Mühlkreis und ließ sich nach dem Zweiten Weltkrieg in der Schweiz nieder, wo sie 1984 verstarb. Ihre Familie, die Imelda als äußerst kinderliebende Frau beschreibt, hat über die Zeit in Spital am Pyhrn und in Pichl nie Details erfahren. Ihr Fotoalbum aus der Jugendzeit aber wurde zur Fundgrube der wenigen erhaltenenen Bilder aus dem Lindenhof.

Ab 26. Jänner 1945 stand die „Ausländerkinderpflegestätte Schloss Etzelsdorf" (spätestens ab nun wurde diese Bezeichnung verwendet) unter der Leitung von Karoline H., geboren 1898 in Wien. Wie ihre Vorgängerin kam sie aus dem Lindenhof in Spital am Pyhrn. Diese Frau mit massigem Körperbau nannte sich Sr. Lia, war bis zur Auflösung des Heimes im Herbst 1946 Leiterin und verließ Pichl erst im September 1951, als sie zu ihrem Lebensgefährten und späteren Ehemann Robert S. nach Linz zog. Robert S. lebte im Frühjahr 1945 als versteckter Deserteur im Schloss Etzelsdorf. Sr. Lia war angeblich ungarischer Abstammung und soll vor dem Krieg als Nurse in England gearbeitet haben. Den Nachbarn ist sie als sehr eigenwillige, launische Frau in Erinnerung. Was die Betreuung der Kinder betrifft, so gibt es mehrere Zeitzeuginnen, die in der „zweiten Phase" des Heimes in Etzelsdorf in Dienst standen und sich an die Situation gut erinnern.

Adelheid G., 1921 in Gleiwitz/Schlesien geboren, kam Ende Februar 1945 mit einem Flüchtlingszug aus dem Kinderheim Friedersdorf bei Neustadt in Braunau am Inn an. NSV-Gauhauptamtsleiter Wolfsgruber empfing den Zug persönlich am Bahnhof und vermittelte die junge Kindergärtnerin nach Etzelsdorf. Sie fuhr mit dem Zug nach Wels und ging zu Fuß nach Pichl, wo sie am 21. Februar 1945 abends ankam und tags darauf angemeldet wurde. Noch fast sechzig Jahre später konnte sie sich an die erste warme Mahlzeit in Pichl erinnern: Gulasch mit Nockerl wurde ihr von Heimköchin Freda aufgetischt.

Nach Kriegsende wurde sie als „Reichsdeutsche" des Landes verwiesen und baute sich eine Existenz in Bremen auf.

Sie bezeichnet Sr. Lia als Frau, die zwar auf das Wohl der Kinder geschaut habe, aber mehr noch auf ihr eigenes Wohl. In mehreren Niederschriften ließ Adelheid G. ihre Zeit in Etzelsdorf Revue passieren:[26]

Adelheid G. (rechts) als Kindergärtnerin in Schlesien.

„Sr. Lia muss ein Realitätsmensch gewesen sein, aber keine überzeugte Parteigenossin. Sonst hätte sie das Wagnis, ihren Robert bis zur Kapitulation versteckt zu halten, nicht in Kauf genommen. In den Räumen war kein Hitler-Bild angebracht. Weder im Heim noch im Ort hörte ich den damals verpflichtenden Gruß „Heil Hitler". Und beim Einmarsch der Amerikaner in Etzelsdorf hängte Sr. Lia sofort weiße Betttücher aus den Fenstern. Sie hatte gewiss Sorge um ihre Zukunft und stand unter dem Druck ihrer Vorgesetzten. (...) Die Pichler wussten zwar von der Existenz des Heimes, aber über interne Angelegenheiten waren sie bestimmt nicht informiert. Das Heim war im Ort nicht integriert. Ich erinnere mich nicht, dass wir von einem Mitglied der Orts- oder Kirchengemeinde besucht wurden. Sr. Lia hatte aber Kontakt zur Behörde."

Auch zum Arbeitsalltag der Betreuerinnen und zur Pflege der Kleinkinder ab Februar 1945 gibt Adelheid G. Auskunft: „Das gängige Merkmal der Tätigkeit in Etzelsdorf war die weiße Schürze. Die ukrainischen Mitarbeiterinnen sind nach der Kapitulation und während der amerikanischen Besatzung sehr selbstbewusst geworden. Ich vermute, dass sie Kontakt zu Ostarbeitern hatten. Unter anderem erhielten sie eine Mitteilung über die angebliche Sprengung des Schlosses, vor der sie uns warnten. – Die Ukrainerinnen sprachen alle Deutsch, sie hatten eine geregelte Arbeitszeit und Versorgung, aber es fehlte ihnen Bekleidung. Ich weiß nicht, zu welchem Zeitpunkt sie das Heim verlassen haben. Aber ich kann mich daran erinnern, dass nach Kriegsende einige Mütter ihre Kinder abholten. (...) Die körperliche Pflege der Kleinen war geregelt. Sie wurden täglich gebadet, tagsüber öfter gewindelt, kein Kind war wund gelegen. Aber es fehlte die Ansprache und Förderung der Entwicklung durch Zuwendung."

Die Kinder hatten keine Sprache, sie „bellten und heulten wie Wölfe, ihre Laute klangen wie hohle Rufe aus der Wildnis", so die ausgebildete Kindergärtnerin. „Waren es Schreie wegen Hunger? Ruhig und bewegungslos lagen sie in ihren Kastenbetten. Mich beunruhigte ihr teilnahmsloses Verhalten. Ich versuchte mit ihnen zu plaudern und sang Kinderlieder. Nur wenige Kinder reagierten, hoben ihr Köpfchen, sanken aber bald kraftlos zurück." – Nie sei ein Kind bei seinem Namen genant worden, ebensowenig wie es im Heim Namensschilder gab. Wenn jemand den Überblick über die Identität der Kinder hatte, dann eventuell die Leiterin. Allerdings habe sie nie Karteikarten o. Ä. bemerkt.

Was die Ernährung der Kinder betrifft, so stand häufig Brei aus Mehl, Gries oder Kartoffeln auf dem Speiseplan. Abends gab es meist eine Mehl- oder Milchsuppe mit Kartoffeln. Wenn es Fleisch gab, so kam es vom Fleischer aus Pichl. Die Einkäufe tätigte man im nächstgelegenen Kaufgeschäft. Gegessen wurde sitzend in den Betten, getrunken aus Trinkbechern mit Henkeln.

Adelheid G. erinnert sich dezitiert daran, dass während ihrer Tätigkeit im Heim im Frühjahr 1945 drei Kinder hintereinander im selben, dreiteiligen Kastenbett, verstarben. Diese Kinder sind in Pichl nicht als Sterbefälle dokumentiert. Eine Zeitzeugin mutmaßt, dass die „neue Leiterin" Sr. Lia die Kinder nicht wie ihre Vorgängerin in Pichl sterben, sondern sie ins Krankenhaus Wels bringen ließ. Auch dort liegen keine Aufzeichnungen vor. Adelheid G. über die Todesfälle: „Die Namen der drei verstorbenen Kinder kenne ich nicht. Ich erinnere mich an den Besuch des Arztes, ein großer, schlanker, wortkarger Herr. Seine Diagnose war laut Sr. Lia Sepsis. Ich äußerte meinen Unmut der Heimleiterin gegenüber. Der Erfolg war, dass dieses Bett fortgeschafft wurde."

„Einen genauen Einblick in die Heimvorgänge hatte ich nicht", so Adelheid G., „ich war ja nur von Ende Februar bis Ende Juli im Heim. Das sind fünf Monate in der Umbruchzeit Krieg und Kriegsende."

Im Gespräch tauchen Bilder von damals auf: Wie es war als der Schlossherr zurückkehrte und alle ahnten, dass mit ihm irgendetwas nicht stimmte. Wie sie bei Kriegsende ein goldenes NSDAP-Abzeichen im Rinnsal des Schlosshofes fand. Wie die Amerikaner im Jeep vorfuhren und ein Offizier das Heim inspizierte. Wie die Nachbarsburschen mit den jungen Betreuerinnen kokettierten ...

Adelheid G., 2003

An einem sonnigen Sommertag wurden größere Kinder ausgezogen und erstmals ins Freie, auf die Wiese neben dem Schlossteich geführt. Sie versuchten aufrecht zu stehen und zu gehen. „Ich sah, wie dünn ihre Beinchen waren und wie unsicher ihre ersten Gehversuche. Nach und nach ahnte ich, dass dieses Heim wohl kein Heim für Kinder war."

Die Schlesierin Adelheid G. konnte als Reichsdeutsche ab Juli 1945 nicht mehr im Heim arbeiten. In ihrem von Sr. Lia unterfertigten Dienstzeugnis

wird bestätigt, dass sie „mit besonderer Liebe und Sorgfalt in der Pflege und Erziehung der Kinder arbeitete". Darüberhinaus habe sie „die Küche für 65 Säuglinge und Kleinkinder gewissenhaft geführt".
Adelheid G. nahm anschließend eine Stelle in Wels an und lebte bis zur Abreise im Oktober 1945 nach Bremen gemeinsam mit ihrer später nachgekommenen Schwester bei einer Familie in Etzelsdorf. Sie war ihr ganzes weiteres Berufsleben in Bremen als (leitende) Kindergärtnerin tätig. Bei zwei Besuchen in Bremen beschenkte sie den Autor dieser Broschüre mit detailreichen Erinnerungen und einer klaren Sicht auf Zeit- und Lebensgeschichte. In einem Brief schrieb sie: „Ich denke oft an die Gespräche über meine Zeit in Etzelsdorf. So holt mich die Vergangenheit ein und wird zur Gegenwart. Sie haben mir den Anlass zur ersten intensiven Auseinandersetzung nach 1945 gegeben."

Postkarte aus dem Jahr 1944. Adelheid G. bewohnte eine der Dachkammern im Schloss.

Bisher konnten vier weitere Mitarbeiterinnen des Kinderheims in Schloss Etzelsdorf ausfindig gemacht werden: Maria G. aus Wels, Elfriede S. aus Linz, Mitzi L. aus Sacramento/USA und Helene H. aus St. Pölten (†). Für sie alle gilt, dass sie erst nach Ende des Zweiten Weltkriegs ihren Dienst antraten. Ihr Arbeitgeber war daher nicht mehr die NSV und die Vorgesetzten saßen nicht mehr im Gau-Hauptamt, sondern in der Bezirkshauptmannschaft Wels, die nun als Träger der Einrichtung fungierte. Es ist äußerst bedauerlich, dass bei der Bezirkshauptmannschaft keinerlei Akten zum Kinderheim mehr auffindbar sind, obwohl sich ein pensionierter Beamter genau an deren Existenz erinnert.

Nach Kriegsende dürfte es im Betreuungsstil und beim pädagogischen Konzept des Kinderheims zu Veränderungen gekommen sein. Übereinstimmend berichten die ehemaligen Betreuerinnen von der Ansprache der Kinder beim Namen. Ein Beweis dieser Praxis ergibt sich aus der Tatsache, dass ihnen bis heute einige Namen und Gesichter präsent sind: der weinerliche Anatol, der große dunkelhaarige Stanislaus oder die schwächliche Tamara, die sich oft erbrach ...

Die Kinder wurden – so die Berichte – gut betreut, sieht man von der fehlenden sprachlichen Förderung ab. Die Versorgung war durch CARE-Pakete der US-Besatzungstruppen gewährleistet, manchmal brachten die Amerikaner auch Stoffe für Kleider, die bei Spaziergängen getragen wurden. Allerdings ist in dieser Zeit noch von einem weiteren Todesfall die Rede, was die Gesamtzahl der in Etzelsdorf verstorbenen Kinder auf 17 erhöhen würde ...

LISTE DER 1945 ANGEKOMMENEN KINDER

1. Sammeltransport aus Spital/P. am 18. 1. 1945:

B. Peter, geb. 24. 7. 1943, Nationalität unbek.
C. Stanislaus, geb. 8. 7. 1943, Nationalität unbek.
D. Nadya, geb. 21. 4. 1943, Nationalität unbek.
F. Nadya, geb. 2. 4. 1943, Nationalität unbek.
H. Franz, geb. 28. 1. 1943, Nationalität unbek.
J. Katharina, geb. 16. 6. 1943, Polen
J. Helga, geb. 10. 6. 1943, Ukraine
J. Stanislawa, geb. 3. 5. 1943, UdSSR
K. Katharina, geb. 5. 3. 1943, UdSSR
K. Michael, geb. 2. 1. 1943, Ukraine
K. Helene, geb. 11. 3. 1943, UdSSR
M. Stanislawa, geb. 25. 4. 1943, UdSSR
M. Viktor, geb. 25. 1. 1943, Nationalität unbek.
M. Valentin, geb. 11. 6. 1943, Nationalität unbek.
N. Rosa, geb. 26. 7. 1942, Nationalität unbek.
P. Elfriede, geb. 7. 6. 1943, Nationalität unbek.
P. Valentin, geb. 18. 4. 1943, Nationalität unbek.
P. Alexandra, geb. 16. 1. 1943, Ukraine
P. Raja, geb. 11. 2. 1943, Nationalität unbek.
R. Wladislaus, geb. 21. 4. 1943, Nationalität unbek.
S. Maria, geb. 24. 6. 1944, Polen
S. Emma, geb. 15. 5. 1943, Nationalität unbek.
S. Valentin, geb. 18. 2. 1943, Nationalität unbek.
R. Anton, geb. 3. 4. 1943, Polen
T. Ludwiga, geb. 21. 4. 1943, Nationalität unbek.
P. Stanislaw, geb. 23. 10. 1943, UdSSR
C. (?) Ludwig, nähere Angaben fehlen

2. Zugänge anderer Art

L. Anatol, geb. 1944 in Enns, Ukraine, kam am 11. 1. 1945 aus Enns
L. Nikolei, geb. 28. 3. 1944, Nationalität u. Geburtsort unbek., kam am 11. 1. 1945 aus Wels
P. Anton, geb. 14. 1. 1944 in St. Marienkirchen/Polsenz, Nationalität unbek., wurde am 11. 5. 1945 von US-Soldaten völlig entkräftet übergeben
I. Lury, geb. 28. 1. 1945 in Bad Hall, Nationalität unbek., kam am 11. 7. 1945 aus Bad Schallerbach
B. Iwan, geb. 12. 4. 1944 in Linz, kam aus Rottenbach, genaues Ankunftsdatum unbek.

PERSONALLISTE

• Imelda M., geb. 1919, Leiterin von 2. 7. 1944 bis 1. 2. 1945
• Maria H., geb. 1918, Küchenhilfe von 17. 7. 1944 bis 10. 12. 1944
• Alfreda J., geb. 1909, Köchin ab 17. 7. 1944
• Pascha S., geb. 1922, ukrainische Betreuerin ab 16. 8. 1944
• Lydia K., geb. 1918, russische Betreuerin ab 28. 9. 1944
• Helene W., geb. 1908, polnische Betreuerin ab 14. 11. 1944
• Raisa T, geb. 1924, russische Betreuerin ab 18. 1. 1945
• Malschka P., geb. 1921, russische Betreuerin ab 18. 1. 1945
• Halina D., geb. 1929, russische Betreuerin ab 18. 1. 1945
• Kalina S., geb. 1917, ukrainische Betreuerin ab 18. 1. 1945
• Alexandra G., geb. 1922, russische Betreuerin ab 8. 11. 1944
• Natalie G., geb. 1913 russische Betreuerin ab 19. 12. 1944
• Ludmilla M., geb. 1925, russische Betreuerin von 26. 1. bis 8. 6. 1945
• Jaroslawa S., geb. 1911, russiche Betreuerin von 18. 1. bis 8. 6. 1945
• Nadya B., geb. 1916, russische Betreuerin von 7. 2. bis 8. 6. 1945
• Karoline H. („Sr. Lia"), geb. 1898, Leiterin ab 26. 1. 1945 bis zur Schließung
• Adelheid G., geb. 1921, Betreuerin bzw. Küchenhilfe von 22. 2. bis 28. 7. 1945
• Maria T., geb. 1924, russische Betreuerin ab 18. 1. 1945
• Hedwig D., geb. 1923, vermutlich Säuglingsschwester von 16. 7. bis 14. 8. 1945
• Maria L., geb. 1927, Betreuerin ab 15. 4. 1945
• Maria M., geb. 1928, Pflegehelferin von 3. 8. 1945 bis 15. 4. 1946
• Elfriede K., geb. 1923, Köchin ab 6. 9. 1945
• Helene H., geb. 1906, Säuglingsschwester von 14. 9. bis 15. 11. 1945
• Anny W., geb. 1924, ab 7. 8. 45, Rolle unklar
• Hermine H., geb. 1887, Rolle unklar

6. Auflösung des Kinderheims

Mangels Unterlagen lässt sich das Ende des Kinderheims im Schloss Etzelsdorf bisher nur anhand persönlicher Schilderungen und durch Rückschlüsse aus den spärlichen Auflösungsakten rekonstruieren. Bald nach Kriegsende im Mai 1945 begann unter dem Titel „Repatriierung" die Rückführung von Kriegsgefangenen, KZ-Häftlingen und ZwangsarbeiterInnen in ihre Heimat.[27] Dazu wurden für „displaced persons" DP-Camps errichtet, in denen man die Transporte organisierte. Von der Repatriierung waren auch die Kinder aus „Fremdvölkischen Kinderheimen" betroffen.

Kinderheim-Abmeldung.

Für tausende ZwangsarbeiterInnen begann damit allerdings ein zweiter Leidensweg. Anstelle des erhofften Willkommensgrußes in den Herkunftsländern wurden sie der Kollaboration mit Nazi-Deutschland bezichtigt und in Arbeitslager im Osten verbannt.

Jene Etzelsdorfer Kinder, die nicht bereits zuvor von ihren Müttern bzw. Vätern abgeholt worden waren oder auf anderen Wegen in DP-Camps kamen, brachte nach Aussage von Elfriede S. im Herbst 1946 ein LKW der Bezirkshauptmannschaft Wels an die tschechische Grenze. Nach einem Abschied unter Tränen – „Wir dachten, sie werden sicher alle umgebracht", so Elfriede S. – begleiteten sie die Betreuerinnen aus dem Heim bis zur Grenze. Danach verliert sich ihre Spur.

Die wenigen im OÖ. Landesarchiv erhaltenen Schriftstücke zur Auflösung des Heims beziehen sich ausnahmslos auf das Inventar. So bestätigte die „KA-Bau-Industrie" Wels am 28. 10. 1946 detailliert die Übernahme von knapp 300 Gegenständen aus dem „aufgelösten Fremdländischen Kinderheim Schloss Etzelsdorf", darunter „26 ungewaschene Polsterüberzüge, 19 alte Keksformen und 32 verrostete Esslöffel". Von den im Heim vorhandenen 24 Bettgestellen wurden neun verkauft, wie eine Aufstellung des Gemeindeamtes belegt. Vier Bratpfannen aus Etzelsdorf wanderten in die Bundeserziehungsanstalt Gmunden. Spezielle Nachforschungen betrafen eine im Kinderheim verschwundene „neue Nähmaschine". Über die Kinder freilich sind keine Akten erhalten.

7. Zwei Kinder, die überlebt haben

Von den insgesamt knapp 80 bekannten Kindern, die ins „Fremdvölkische Kinderheim Schloss Etzelsdorf" kamen, konnten bisher vier Überlebende eruiert werden, zwei Männer und eine Frau in Polen sowie eine Frau in Österreich.
Bei einem Informationsabend im November 2004 trafen einander Katharina B. und Jerzy W. wieder, nachdem sie schon 60 Jahre zuvor unter einem Dach gelebt hatten. Bei beiden dürfte es sich um Kinder aus dem Lindenhof in Spital am Pyhrn handeln, die mit dem Transport am 18. Jänner 1945 nach Pichl gebracht worden waren.

Jerzy W. und Katharina B.

Die Lebensgeschichten dieser beiden Überlebenden sind Beispiele für die nachhaltige Zerstörung frühkindlichen Glücks. Sowohl Katharina B. als auch Jerzy W., der als Anton R. geboren und von einer polnischen Familie adoptiert wurde, suchen bis heute nach ihrer Herkunft und ihren Eltern. Da Vertauschungen der Säuglinge nicht nur nicht auszuschließen sind, sondern nachweislich stattgefunden haben, ist diese Suche aber kaum erfolgversprechend.

Anton R. wurde – vorausgesetzt, die Urkunden in seinem Besitz beziehen sich tatsächlich auf ihn – im April 1943 in Linz geboren. Seine Mutter stammte aus Polen und war als Zwangsarbeiterin in der Kreisgartenbauwirtschaft in Pettenbach eingesetzt. Laut Auskunft des Internationalen Suchdienstes vom Roten Kreuz in Bad Arolsen wurde Anton am 9. 11. 1946 von Etzelsdorf via Ebensee (DP-Sammellager für Polen) nach Polen repatriiert. Auf Vermittlung von Ordensschwestern kam er zu seiner Adoptivfamilie, in der er erst im Erwachsenenalter über seine wahre Geschichte informiert wurde. Seit Jahrzehnten sucht der heute pensionierte Bibliothekar und Generalsekretär der polnischen Esperanto-Gesellschaft nach seiner Mutter. Gefunden hat er bis jetzt nur den Geburtsbericht aus dem Durchgangslager 39 in Linz.

Auf den ersten Blick einfach erscheint die Lebensgeschichte von Katharina B., die in Österreich lebt. Ihre Mutter Boleslawa J., als taubstummes Mädchen aus der polnischen Heimat verschleppt, war auf einem Bauernhof in Sierning zwangsverpflichtet. Ihr 14 Tage altes Baby wurde am 10. Juli 1943 in den Lindenhof nach Spital am Pyhrn gebracht, von wo es nach Pichl kam. Nach Kriegsende verliebte sich Boleslawa im DP-Lager Ebensee in einen entlassenen polnischen KZ-Häftling, den sie nach Etzelsdorf schickte, um ihre Tochter zu holen. Nachdem US-Soldaten seinem Wunsch bei der Heimleitung Nachdruck verliehen, übergab man ihm die Tochter seiner Freundin und späteren Frau. Katharina bekam mehrere Halbgeschwister und wurde das ganze Leben den Eindruck nicht los, dass es sich bei Boleslawa J. nicht um ihre leibliche Mutter handelte. Die Bewerbung um die Zwangsarbeiter-Entschädigung führte zur Erkenntnis, dass sie ein Etzelsdorfer Kind gewesen sein könnte. Tatsächlich fand sich ihr Name auf der Liste. Ein DNA-Test ergab jedoch zweifelsfrei, dass Mutter und Tochter nicht miteinander verwandt sind. Ihr Gefühl hat Katharina B. nicht getäuscht, man hatte ihrem Stiefvater einfach irgendein Mädchen übergeben. Was aus der echten Tochter von Boleslawa J. geworden ist, lässt sich ebensowenig beantworten wie die Frage nach Katharinas wahrer Herkunft.

„Fremdvölkisches Kinderheim" oder „Ausländerkinder-Pflegestätte" sind verharmlosende Bezeichnungen rassistischer Menschenverachtung. Diese Einrichtungen haben nicht nur Kinder von ihren Müttern getrennt und es an optimaler Betreuung mangeln lassen. Sie haben auch in Kauf genommen, dass erwachsene Menschen traumatisiert und wurzellos durchs Leben gehen. Katharina B. und Jerzy W. können ihren eigenen Kindern nichts über die eigene Herkunft berichten. Was ihre Identität betrifft, tappen sie zeitlebens im Nebel. Solche Vernebelung ist unverzeihlich, denn die eigene Identität ist Menschenrecht und Menschenwürde.

Jerzy W. vor dem heutigen Schlossgebäude.

8. Stationen der Spurensuche

Als mir im Frühjahr 2001 eine damals 80-jährige Frau zufällig von den „Etzelsdorfer Kindern" und vom „Drama im Schloss" erzählte, glaubte ich zunächst an einen Irrtum. Davon müsste ich als Einwohner von Pichl doch schon gehört haben!
Der Blick ins Totenbuch der Pfarre bestätigte aber die Information und erste Anfragen führten mich sowohl weiter als auch an eine Mauer des Schweigens. Fast sechzig Jahre nach NS-Diktatur und Kriegsende wollte man, wie in vielen anderen Fällen, nicht darüber sprechen. Recherchen im OÖ. Landesarchiv, viele – oft erfolglose oder zu späte – Telefonate und Briefe, hunderte Fotokopien und mehrere Auslandsreisen ergaben ein Mosaikbild aus vielen kleinen Steinen, das sicher nur einem Ausschnitt der historischen Wahrheit gerecht wird. Neben Stimmen, die wohlmeinend bis aufbrausend zum Ruhegeben mahnten, gab es auch solche, die zum Weitermachen ermutigten.
Anlässlich des „Festivals der Regionen 2003" wurde in Etzelsdorf das Theaterstück „Elf Seelen für einen Ochsen" von Tina Leisch gezeigt. Bewusst hatte man diesen Ort der Aufführung gewählt, im Programmheft fand sich ein Artikel zum Kinderheim. Im November 2004 gab es einen Informationsabend, zu dem etwa 80 Interessierte kamen. Unter den Gästen waren die beiden „Etzelsdorfer Kinder" Katharina B. und Jerzy W. Mehrere regionale Medien und das Pfarrblatt berichteten über das ehemalige Kinderheim. Unter anderem griff man den Vorschlag auf, so wie in anderen Orten mit vergleichbaren Heimen ein Gedenkzeichen zur Erinnerung zu errichten. Vorträge in der Hauptschule Pichl lösten in den Schulklassen Betroffenheit aus.
Die Pfarre Pichl beschloss auf Vorschlag von Pfarrassistentin Veronika Kitzmüller, im „Gedankenjahr 2005" ein Gedenkzeichen am Friedhof zu errichten, um den namenlos begrabenen Kindern „Namen zu geben" und für die Zukunft zu mahnen. Pichler Kunstschaffende erarbeiteten Vorschläge für das Gedenkzeichen. In Zusammenarbeit mit Vertretern der Gemeinde und der „Projektgruppe Ortsbild" wählte man unter drei hochwertigen Entwürfen Idee von Bibiana Weber. Der Landeshauptmann von OÖ, Dr. Josef Pühringer, begrüßte das Projekt ausdrücklich und sagte seine Unterstützung zu. Am 2. November 2005 wurde das Gedenkzeichen gesegnet und seiner Bestimmung übergeben.

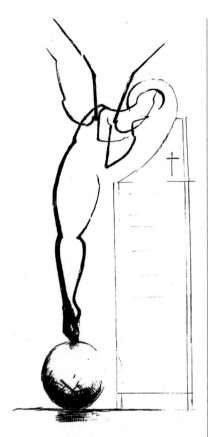

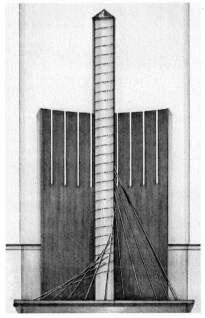

Entwürfe des Gedenkzeichens für die „Kinder von Schloss Etzelsdorf":

• Roswitha Hieslmayr (links oben): Schutzengel aus geschmiedetem Eisen auf einer Steinkugel stehend. Daneben eine Glaswand mit den Namen der Kinder und Informationen.

• Mag. Bibiana Weber (rechts oben): Vom Kirchturm gespannte Metallseile erinnern an das Fadenspiel der Kinder und an Sonnenstrahlen. Sie umschreiben am Boden eine Platte mit Namen und Information.

• Mag. Alois Sammer (rechts): Auf einem Holzpfahl laufen 13 Drahtseile zusammen. Dahinter eine hinterleuchtete Metallblende mit sichtbarem Rost. Bei der Verankerung der Seile stehen die Namen der Kinder.

9. Medienberichte

Pichler erhellt Geschichte von NS-Kinderheim

PICHL. Ein trauriges Kapitel in der Geschichte vom Schloss Etzelsdorf in Pichl beleuchtet der Journalist Martin Kranzl-Greinecker (40): Dort gab es vom August 1944 bis Herbst 1946 ein Kinderheim, das von der „Nationalsozialistischen Volkswohlfahrt" eingerichtet worden war. Ins „Fremdvölkische Kinderheim" verfrachteten Nazis Babys von Zwangsarbeiterinnen – oft schon am Tag nach der Geburt. Die Betreuung war unzureichend, die Säuglinge hungerten: Von 38 im Jahr 1944 abgegebenen Kindern starben 13. Sie sind auf dem Friedhof begraben, es fehlen aber Hinweise auf deren Gräber.

Kranzl-Greinecker tritt für eine Gedenkstätte ein und wird 2005 ein Buch über „Die Kinder von Etzelsdorf" publizieren, auf die er 2001 bei einem Gespräch mit einer betagten Pichlerin aufmerksam wurde. Bis dahin schwieg man darüber. Der Pichler recherierte bei einer 83-jährigen Bremerin und einer Amerikanerin. Beide betreuten die Kinder. Eine Welserin und zwei Polen, die im Heim lebten, konnte er ausforschen. Kranzl-Greinecker referiert morgen (20 Uhr, Pfarrsaal Pichl). (müf)

OÖ. Nachrichten, 18. 11. 2004

„Lauter tote Kinderaugen"

PICHL / 60 Jahre lang waren das Kinderheim und die vielen Todesfälle im Schloss Etzelsdorf kein Thema in der Gemeinde. Nach drei Jahren Forschungsarbeit bringt der ortsansässige Diplomtheologe und Journalist Martin Kranzl-Greinecker Licht in ein dunkles Kapitel.

Nur noch wenige Pichler wissen, dass die NSV (Nationalsozialistische Volkswohlfahrt) 1944 ein „fremdvölkisches Kinderheim" für Kinder von Zwangsarbeiterinnen errichtete. Ab August kamen nach und nach Kinder dorthin. Der sechswöchige Pole Paul und der gleichaltrige Ukrainer Wladimir, Söhne von in Bachmanning eingesetzten Zwangsarbeiterinnen – waren die ersten im Heim. Meist nahm man die Babys den Müttern wenige Tage nach der Geburt weg. Durchschnittlich waren die Kinder sieben Wochen im Heim, bevor sie starben, recherchierte Kranzl-Greinecker. Meist war die Todesursache Dystrophie (Mangelernährung). Vor allem die Todesrate in den ersten Monaten des Heimes ließe auf schwerwiegende Vernachlässigung schließen: „Wurde der Tod in Kauf genommen?", fragt der Theologe.

„Bei uns ist ein Massensterben ..."

Erschütternd ist das Tagebuch von Küchengehilfin Mitzi K., die selbst ein Kind erwartete: „4. November 1944: Franz-Ernst gestorben. Ich sehe schon lauter tote Kinderaugen, mein Gemüt ist ein trauriger Trümmerhaufen. Ich könnte weinen, weinen, weinen." Tags darauf: „Stefan gestorben. Bei uns ist ein Massensterben!"

„Vielleicht ist eine Form zu finden, den Kindern von Etzelsdorf ein spätes, aber würdiges Andenken zu geben, hofft Kranzl-Greinecker, der am 19. November um 20 Uhr im Pfarrsaal Pichl über seine Spurensuche informiert.

Sonntagsrundschau, 17. 10. 2004

Gedenkzeichen für „Kinder von Etzelsdorf"

Vor einem Jahr wurde im Pfarrblatt über das Schicksal der „Kinder von Etzelsdorf" berichtet, jener ca. 70 Ostarbeiterinnen-Kinder, die zwischen 1944 bis 1946 im damaligen „Fremdvölkischen Kinderheim Etzelsdorf" untergebracht waren. Mindestens 13 von ihnen starben aufgrund der schlechten Lebensumstände und wurden am Friedhof Pichl beigesetzt. Immer wieder lösen Berichte über die Situation dieser Kinder tiefe Betroffenheit aus. Auch die SchülerInnen der 4. Klassen der Hauptschule Pichl beschäftigten sich gegen Ende des Schuljahres mit dem Schicksal der Kinder von Etzelsdorf und eine Klasse widmete ihnen beim Abschlusskonzert sogar zwei Lieder.

Bei einem Informationsabend im November 2004 äußerte Mag. Martin Kranzl-Greinecker, der sich seit einigen Jahren mit dem Thema beschäftigt, die Hoffnung, dass ein Gedenkzeichen vor Ort an das Leid und das Heim erinnern möge.

Der Pfarrgemeinderat griff – in Zusammenarbeit mit Vertretern der Gemeinde und der „Projektgruppe Ortsbild" – die Anregung auf und lud Mag. Alois Sammer (Schmiedsberg), Roswitha Hieslmayr (Oberthambach) und Mag. Bibiana Weber (Schnappling) ein, Entwürfe für ein Gedenkzeichen vorzulegen. Als Standort ist der Platz links vom Kirchturm am Friedhof („Pendant" zu den Priestergräbern) vorgesehen. Unter den drei hochwertigen Entwürfen entschied man sich – nach Rücksprache mit Experten – für den Vorschlag von Mag. Bibiana Weber, der derzeit konkretisiert wird. Das Gedenkzeichen ist ein „symbolisches Grab" für die am Friedhof bisher namenlos bestatteten Kinder, erinnert an alle Opfer und will Mahnung für die Zukunft sein. Landeshauptmann Dr. Josef Pühringer hat in einem Gespräch mit Bgm. Doppelbauer und Vzbgm. Hochreiter die Errichtung des Gedenkzeichens im „Gedankenjahr 2005", das an das Kriegsende vor 60 Jahren erinnert, ausdrücklich begrüßt und finanzielle Unterstützung des Landes Oberösterreich zugesagt. Pichl leistet mit diesem Denkmal einen Beitrag zur notwendigen Kultur der Erinnerung in unserem Land. Die Segnung und Übergabe des Gedenkzeichens ist im Rahmen des Abendgottesdienstes am 2. Nov. 2005 um 19 Uhr geplant. Dazu und zur Auseinandersetzung mit dem Mahnmal wird herzlich eingeladen.

MITEINANDER – Pfarrblatt Pichl, Oktober 2005

Die Kinder von Etzelsdorf

	ZUM GEDENKEN
Kasimir S., + 18. 10. 1944, 8 Wochen alt	Wanda S., + 2. 12. 1944, 8 Wochen alt
Anna W., + 26. 10. 1944, 2 1/2 Monate alt	Viktor I., + 3. 12. 1944, 6 Wochen alt
Johann D., + 1. 11. 1944, 4 Monate alt	Wladimir W., + 8. 12. 1944, 3 Monate alt
Stefan S., + 4. 11. 1944, 7 Wochen alt	Katharina M., + 9. 12. 1944, 4 Wochen alt
Franz-Ernst S., + 4. 11. 1944, 6 Wochen alt	Jeane P., + 19. 12. 1944, 9 Wochen alt
Paul S., + 24. 11. 1944, 4 1/2 Monate alt	Jan M., 22. 12. 1944, 4 Monate alt
Siegmund K., + 28. 11. 1944, 7 Wochen alt	

Nur mehr wenige PichlerInnen wissen, dass 1944 im Schloss Etzelsdorf die NSV (Nationalsozialistische Volkswohlfahrt) ein „Fremdvölkisches Kinderheim" für Kinder von Zwangsarbeiterinnen errichtete.

Nach einer Sanierung des Schlosses im Frühjahr 1944 ging das Heim im August in Betrieb. Der Pole Paul und der Ukrainer Wladimir, sechs Wochen alte Söhne von in Bachmanning eingesetzten Zwangsarbeiterinnen, waren die ersten. Nach und nach füllte sich das Heim. Aus der gesamten Umgebung (bis Leonding, Steyr und Kremsmünster) wurden Kinder gebracht. Die Mütter waren meist Zwangsarbeiterinnen in der Landwirtschaft, denen man die Babys kurze Zeit nach der Geburt, manchmal schon am ersten Tag, entzog.

Von den 38 bis Jahresende 1944 ins Heim gebrachten Kindern verstarben mindestens zwölf und wurden namenlos durch Pfarrer Einberger am Ortsfriedhof begraben, wie übereinstimmend das Totenbuch der Pfarre, die Meldekartei und das Totenbuch der Gemeinde, die Aufzeichnungen des Mesners und das Totenbeschaubuch des zuständigen Arztes zeigen. Durchschnittlich waren die Kinder sieben Wochen im Heim, bevor sie starben. Fast immer zählt Mangelernährung (Dystrophie) zu den Todesursachen.

Mitte Jänner 1945 kam es im Kinderheim zu großen Veränderungen: Vom Lindenhof in Spital am Pyhrn wurden 26 Kinder nach Etzelsdorf verlegt. Mit ihnen kam auch eine neue Leiterin, ihre Vorgängerin zog aus Pichl weg. Im Jahr 1945 sind offiziell keine weiteren Todesfälle mehr dokumentiert.

Slawische Kinder ohne Lebensrecht

Heime wie jenes in Etzelsdorf gab es im ganzen Deutschen Reich, im heutigen OÖ waren es etwa zehn. Über die Betreuung der Kinder liegen sehr widersprüchliche Angaben vor. Einerseits betonen ZeitzeugInnen, dass es den Säuglingen gut gegangen sei, dass sie adrett gekleidet und mit Nahrung gut versorgt waren. Man hat die Kinder am Leben erhalten, ihnen aber ganz wenig Zuwendung gegeben. Es war beispielsweise nicht üblich, die Kinder mit Namen anzusprechen. Die meisten Kinder wiesen Hospitalisierungserscheinungen auf und bildeten nur animalische Laute. Vor allem die Todesrate in der ersten Zeit des Heimes lässt auf mangelhafte Betreuung und schwerwiegende Vernachlässigung schließen. Wurde der Tod der Kinder in Kauf genommen? Im Tagebuch der Küchengehilfin Mitzi H., die damals selbst ein Kind erwartete, ist zu lesen: „4. November 1944: Franz-Ernst gestorben. Ich sehe schon lauter tote Kinderaugen, mein Gemüt ist ein trauriger Trümmerhaufen. Ich könnte weinen, weinen, weinen." „5. November 1944: Stefan gestorben – bei uns ist ein Massensterben."

Zeichen der Erinnerung und Mahnung

Das Heim, in dem insgesamt ca. 70 Kinder waren, bestand über das Kriegsende hinaus und wurde im Herbst 1946 aufgelöst. Drei „Etzelsdorfer Kinder", zwei in Polen und eines in Österreich, sind namentlich bekannt. Was aus den anderen geworden ist, ist unbekannt. Fast sechzig Jahre lang waren das Heim im Schloss Etzelsdorf und die Todesfälle in Pichl kein Gesprächsthema.

Vielleicht ist – ähnlich wie in anderen Orten mit solchen Heimen – eine Form zu finden, den „Kindern von Etzelsdorf" ein zwar spätes, aber würdiges Andenken zu geben.

M. Kranzl-Greinecker

Informationsabend zum Thema
Freitag, 19. November 04 um 20 Uhr

Im Rahmen eines Informationsabends im Pfarrsaal berichtet Mag. Martin Kranzl-Greinecker über seine Spurensuche zur Ausländerkinderpflegestätte im Schloss Etzelsdorf. Seit drei Jahren beschäftigt er sich mit der Geschichte, den Kindern und Angestellten des Heimes. Alle Interessierten, vor allem auch ZeitzeugInnen, sind willkommen.

MITEINANDER – Pfarrblatt Pichl, Oktober 2004

Schloss Etzelsdorf zur NS-Zeit: 13 Babys starben in Kinderheim

PICHL. Jahrzehntelang schwieg man über das Heim für Kinder von Zwangsarbeiterinnen im Schloss Etzelsdorf. Mindestens 13 Säuglinge starben alleine 1944. Martin Kranzl-Greinecker spricht morgen darüber.

„Die Kinder von Etzelsdorf" ließen den 40-jährigen Theologen und Journalisten nach einem Gespräch mit einer betagten Pichlerin im Frühjahr 2001 nicht mehr los. Fast niemand wusste, dass die „Nationalsozialistische Volkswohlfahrt" im August 1944 im Schloss Etzelsdorf ein „Fremdvölkisches Kinderheim" eingerichtet hatte.

Dorthin verfrachteten Nazis Babys von Zwangsarbeiterinnen - oft schon am Tag nach der Geburt. Die Betreuung war unzureichend. Mindestens 13 der 38 bis Ende 1944 abgegebenen Kinder starben, meist in den ersten Lebenswochen. Sie erhielten zu wenig zu essen. Die Babys wurden auf dem Ortsfriedhof beerdigt, Hinweise auf ihre Gräber gibt es nicht.

Kranzl-Greinecker referiert morgen im Pfarrsaal (20 Uhr), wird 2005 seine Recherchen in Buchform präsentieren und wünscht sich einen Gedenkort: Pfarrassistentin Veronika Kitzmüller unterstützt die Idee.

Im Jänner 1945 kamen 26 Kinder aus dem Lindenhof in Spital/Pyhrn nach Pichl. Todesfälle sind aus 1945 nicht dokumentiert. Bis zur Auflösung im Herbst 1946 - die Kinder wurden dann zur Adoption freigegeben oder ihren Müttern gebracht - sollen 70 Kinder im Schloss gewesen sein.

Martin Kranzl-Greinecker (Privat)

Neben den Schicksalen erschüttert den Forscher: „Selbst in kleinsten Orten funktionierte die NS-Maschinerie: In Gunskirchen gab's ein KZ, im Offenhausner Schloss Würting wurden Mitglieder vom „Bund Deutscher Mädchen" ausgebildet, und dann war noch Hartheim ..." Er betont aber: „Pichl ist kein Täterort. Hier agierten viele Fremde." (müf)

STICHWORT

Bis nach Bremen

In mühevoller Kleinarbeit trug Kranzl-Greinecker Fakten zusammen: Er sprach mit einer 83-jährigen Bremerin und hatte Kontakt mit einer Amerikanerin, die beide Kinder betreuten. Er forschte eine Welserin und zwei Polen aus, die in Etzelsdorf betreut wurden. Die Frau und ein Pole werden bei dem Vortrag morgen (20 Uhr, Pfarrsaal Pichl) anwesend sein.

In dem Schloss gab es das „fremdvölkische Kinderheim". (Jeitschko)

OÖ. Nachrichten Lokal (Wels, Grieskirchen, Eferding), 18. 11. 2004

ZEITGESCHICHTE / Martin Kranzl-Greinecker über die Morde der Nazis im Schloss

Die Verbrechen an den Kindern von Etzelsdorf

PICHL / Die systematische Ermordung von Menschen behielten sich die Nationalsozialisten vor. Gleich doppelt zum Handkuss kamen dabei „völkisch fremde", sprich: minderwertige Leute aus osteuropäischen Ländern. Entweder sie landeten gleich im KZ oder sie wurden Opfer von Zwangsarbeit. Damit nicht genug, steckte man deren Kinder ins Heim und ließ sie dort verhungern. So geschehen auch bei uns: zuerst im Lindenheim von Spital am Pyhrn und später im Pichler Schloss Etzelsdorf. Das ergaben die Nachforschungen von Martin Kranzl-Greinecker. Übermorgen, Freitag, hält der 40-jährige Theologe und Journalist zum Thema einen Vortrag im Pfarrsaal. Als Gäste kommen eine Welserin und ein Pole angereist, beide überlebten das berüchtigte Heim.

Seit drei Jahren erforscht Kranzl-Greinecker, im Hauptberuf Redakteur der von der Caritas herausgegebenen Zeitschrift „Unsere Kinder", die verheerende Vergangenheit des Schlosses. In Archiven und von Zeitzeugen erfuhr er von den Praktiken der zynisch so genannten „Volkswohlfahrt" der Nationalsozialisten. Obwohl er anfangs auf „eine Mauer des Schweigens" stieß und niemand Kenntnis davon zu haben schien, kam nach und nach zutage, dass allein in den letzten Monaten des Jahres 1944 im von den Nazis geführten Schloss des Ehepaars Nöbauer zwölf von 38 Kindern an „Mangelerscheinungen" starben. In einer zweiten Phase kamen im Jänner 1945 nochmals 26 Kinder nach Etzelsdorf. Dass darunter keine Todesfälle aufscheinen, hält Kranzl-Greinecker aus guten Gründen für „offizielle", also nicht näher dokumentierte Geschichtsschreibung.

Der Ort des Grauens: Schloss Etzelsdorf, 1944. FOTO: PRIVAT

Ein Gedenkzeichen für die Kinder

Kranzl-Greineckers Absichten sind klar: „Ich will das Grauen schwarz auf weiß dokumentieren, möchte ein Gedenkzeichen für die Kinder anregen – und stelle meine Nachforschungen in den Dienst der überlebenden Kinder." Ersteres ist so gut wie fertig, Zweiteres wird von der Pichler Pfarre ausdrücklich unterstützt und Drittes bleibt ein Wunsch an die Zukunft der Überlebenden.
ANDREAS FELLINGER

Vortrag

Die Kinder von Etzelsdorf, Vortrag von Martin Kranzl-Greinecker, Pfarrhof Pichl, Freitag, 19. 11., 20 Uhr.

Welser Rundschau, 17. 11. 2004

Schloss Etzelsdorf im Jahr 1944 (links) und heute mit Besucher Jerzy Walaszek (rechts)   MKG (2)

Die Suche nach der Mutter

Kinder von Zwangsarbeiterinnen der NS-Zeit wissen wenig über ihr Woher

Jerzy Walaszeks Geburt ist in den Aufzeichnungen der Geburtenstation, Durchgangslager 39 am Bindermichl in Linz, gut dokumentiert. Sonst liegt viel im Ungewissen.

Jerzy Walaszek hieß damals Anton Rzepka. Er kam am 3. April 1943 zur Welt, wog 3500 Gramm und war 49,5 cm groß. Seine Mutter Maria Rzepka war Zwangsarbeiterin einer Gärtnerei in Pettenbach. Das Geburtsprotokoll vermerkt die Personenangaben: Landwirtschaftliche Arbeiterin, orthodox, Polin. Doch so genau sind die Daten nicht. Andere Dokumente weisen die Mutter als Katholikin aus. Geburtsbericht, Geburtsurkunde und Meldekarte nennen je ein anderes Geburtsdatum der Mutter. Unser ehemaliger Kirchenzeitungskollege und Diplomtheologe Martin Kranzl-

Martin Kranzl-Greinecker und Jerzy Walaszek.

Greinecker*) machte sich auf Spurensuche. Denn Anton oder Jerzys Lebensweg führte am Beginn ganz in die Nähe seines Ortes: nach Pichl, ins Schloss Etzelsdorf.
– Vor knapp drei Jahren erfuhr Kranzl-Greinecker, dass es im Schloss Etzelsdorf ein Heim für Kinder von Zwangsarbeiterinnen gab, „fremdvölkisches Kinderheim" genannt. Er holte Manches aus der Vergessenheit. Er sprach mit mehr als hundert Zeitzeugen, forschte in Archiven.

Als er am Freitag, 19. November in den Pichler Pfarrsaal einlud, um das bisherige Ergebnis der Spurensuche zu präsentieren, kamen etwa 70 Personen aus Pfarre und Gemeinde.

Zwei Überlebende

Ein Gast kam von weit her: Der Pole Jerzy Walaszek. Er war als Kleinkind in Etzelsdorf, kam am 18. Jänner 1945 von einem Heim in Spital/Pyhrn dorthin. Im ersten Jahr des Pichler Heimes, 1944, starben mindestens dreizehn der 38 Kinder. Besser wurde es, als 1945 eine neue Leiterin kam. Noch eine zweite Teilnehmerin des Abends war ein überlebendes Kind dieser dunklen Zeit des Schlosses – Katharina B. aus Wels. Das Schicksal der Kinder und ihrer Mütter war immer ähnlich hart: Gleich nach der Geburt wurden die Kinder der Mutter weggenommen. Die Kinder kamen in ein Heim. Spuren zueinander verloren sich oft bald. Im Heim erkrankten und starben auch viele an den Folgen schlechter Ernährung. Das Schicksal der überlebenden Kinder gleicht sich auch: Sie tragen einen Rucksack der Ungewissenheit mit sich: Wer war meine Mutter, mein Vater? Lebt die Mutter noch? Wo lebt sie?

Eines der überlebenden Kinder von Etzelsdorf erfuhr vor kurzem das Ergebnis eines DNA-Testes: Negativ! Es lebte bis dato im Irrtum, nach dem Krieg zu seiner Mutter gekommen zu sein. Zur Mutter, die heute noch lebt...

Der Gast aus Polen, Jerzy Walaszek, wurde 1946 repatriiert und wuchs in Polen bei einer Adoptivfamilie auf. Als er 18 Jahre alt war, erfuhr er, dass er ein Adoptivkind ist. Ein Traum vor etwa 25 Jahren, Walaszek nennt ihn eine Vision, habe ihm die Gewissheit gegeben, dass seine Mutter noch lebe. Vielleicht in der Ukraine? Er ist auf der Suche, aber wo und wie soll er suchen? Diese Suche nach der Mutter, nach den Wurzeln ist Unruhequell des eigenen Lebens! – Martin Kranzl-Greinecker geht einer neuen Spur nach, auf die alte Sozialversicherungsdaten führten. Vielleicht ging Walaszeks Mutter nach Australien... *Ernst Gansinger*

*) Martin Kranzl-Greinecker ist mittlerweile Redakteur der Caritas-Fachzeitschrift „Unsere Kinder".

Kirchenzeitung der Diözese Linz, 25. 11. 2004

Schweigen und Verdrängen

Schloss Etzelsdorf gar wohlbekannt
im hügeligen Pichlerland,
wo einst die Von und Zu gewohnt
und sich an ihrer Macht gesonnt.
Doch in den Jahren, die verronnen,
hat ihr Niedergang begonnen.
Drum mussten sie das Schloss vermieten.
Es der NSV als Heim anbieten.
So kam es, dass aus dem Gemäuer,
was sicher manchem nicht geheuer,
ein Kinderheim wurde gemacht,
in dem niemals ein Kind gelacht.
Es waren Kinder jener Mütter
für die das Leben trist und bitter,
die einst der Krieg hierher verschlagen
und sich bei Bauern mussten plagen.
Keine konnte aufbegehren,
sich gegen ihr Schicksal wehren.
Es hat die braune Staatsallmacht
als Erstes nur daran gedacht,
dass sie nicht ihre Mütter hindern
und deren Arbeitsleistung mindern.
NS-Schergen, sie sind gekommen,
haben sie ihnen weggenommen.
Haben sie in das Heim gebracht
und hier zu Engeln bald gemacht.
Schlecht versorgt ließ man sie liegen,
damit sie starben wie die Fliegen.

Frau Maria, die im Heime gewerkt
und dieses Elend hat bemerkt,
hielt fest in ihrem Tagebuch:
Auf diesem Heim lastet ein Fluch.
Mir würde diese Arbeit taugen,
wären nicht die toten Kinderaugen.
Die vielen toten Augenlichter
und diese wachsbleichen Gesichter,
werden in jedem Einzelfall
tagtäglich mir erneut zur Qual.
Darum will ich mich meiner Tränen
um diese Kinder niemals schämen.
Der NSV als Heimvertreter
war wünschenswert der Todesvetter.
Ihr früher Tod, er schien ihr besser,
waren es doch unnütze Esser.
Nicht vielen haben sie gefehlt,
denn herzlos war damals die Welt.
Menschliches Mitleid war erstarrt:
Sie wurden namenlos verscharrt.
Darum weiß niemand wo sie liegen.
Man hat ihr Sterben totgeschwiegen.

Den Sonntags-Rundschau-Leser
Johann Guttenberger veranlasste
der Bericht am 17. 10. 2004,
dieses Gedicht zu verfassen.

Anmerkungen

[1] Eine detaillierte Beschreibung der Geschichte der adeligen Besitzer von Etzelsdorf ist für das (derzeit in Redaktion befindliche) Pichler Heimatbuch vorgesehen. Gute Einblicke zur Schlossgeschichte geben schon jetzt die unveröffentlichten Aufsätze von Jutta Prömer und Hanns Herbert Jeitschko (†).
[2] Welser Zeitung, Juli 1930
[3] Alois Brandstetter, in: „Über den grünen Klee der Kindheit", S. 51 ff.
[4] Schriftliche Auskunft des Archivs der KZ-Gedenkstätte Mauthausen beim Bundesministerium für Inneres, Wien vom 22. Juli 2002. Grundlage der Auskunft sind Einträge in den Häftlingszugangsbüchern des KZ Mauthausen.
[5] Informationen aus der Pfarrchronik Pichl aus den Jahren 1938 bis 1945.
[6] „Welser Zeitung", April 1938
[7] Hubers Verhaftung und Haft sind in der Pfarrchronik, im Diözesanarchiv Linz und in den Häftlingszugangsbüchern des KZ Mauthausen dokumentiert. An Pfarrer Steiners Schicksal erschienen mehrere Aufsätze, z. B.: Alois Brandstetter, in: „Der geborene Gärtner", S. 146 ff.
[8] Die Angaben über Pichler Wehrmachtssoldaten beruhen auf der von Fritz G. zur Verfügung gestellten Bildtafel „Unsere toten und lebenden Krieger von Pichl 1939 – 1945" sowie auf dem Bericht des Kriegsopferverbands Pichl in der Heimatbroschüre 1981. Schriftliche Berichte über den Flugzeugabsturz finden sich in der Pfarrchronik Pichl sowie in der Chronik des Gendarmeriepostens Pichl. Genaue Hinweise dazu wird ein Beitrag von DI Wolfgang Neuwirth im geplanten Pichl Heimatbuch liefern.
[9] Neben weiteren, mündlich berichteten Fällen sind folgende dokumentiert: Johann E. (verhaftet im Oktober 1939, im KZ verstorben am 1. 11. 1939, lt. Auskunft der KZ-Gedenkstätte Mauthausen) und Anton H. (verhaftet im April 1942, sh. „Widerstand und Verfolgung in OÖ", S. 493 und 555).
[10] Kurt Tweraser: „US-Militärregierung Oberösterreich", S. 72
[11] Zahlen zitiert nach Gisela Schwarze: „Ostarbeiterinnen und ihre Kinder", Vortrag vom 3. November 2000 (Online-Publikation, abgerufen: 1. 9. 2005)
[12] Schreiben von Eigruber an Himmler vom 15. Juli 1942
[13] Gabriella Hauch: „Ostarbeiterinnen", S. 1289
[14] ebd., S. 1295
[15] Schreiben von Hilgenfeldt an Himmler vom 11. August 1943
[16] Schreiben von Himmler an Eigruber vom 14. September 1943
[17] Schreiben von Himmler an Hilgenfeldt vom 14. September 1943
[18] Schreiben von Eigruber an Himmler vom 27. September 1943
[19] Gabriella Hauch: „Ostarbeiterinnen", S. 1301
[20] Da es sich bei dieser Dokumentation nicht um ein streng wissenschaftliches Werk handelt, werden im Folgenden Dokumente aus dem „Bestand NSV" im OÖ. Landesarchiv, Linz nicht explizit genannt. Der Hauptakt zum Kinderheim Etzelsdorf befindet sich in Schachtel 16, Zl. 15.

[21] Berichte über Pfarrer Forthuber brachte die Kirchenzeitung der Diözese Linz in ihren Ausgaben vom 8. 11. 2001 und 1. 8. 2002
[22] Zitate aus dem Tagebuch von Maria H. wurden von Andrea Winklmeier aus der Kurrentschrift übertragen und dem Autor übermittelt.
[23] Pfarrchronik Pichl
[24] Basis dieser und aller im Folgenden veröffentlichten Listen sind Meldedaten, zur Verfügung gestellt vom Gemeindeamt Pichl bei Wels
[25] Gabriella Hauch: „Ostarbeiterinnen", S. 1301 ff.
[26] Zitate aus Briefen von Adelheid G., Bremen, vom 3. 7. 2002, 4. 3. 2003 und 12. 10. 2005 an den Autor
[27] Vgl. Kurt Tweraser: „US-Militärregierung Oberösterreich", S. 318 ff.

Gedruckte und ungedruckte schriftliche Quellen

Alois Brandstetter: „Über den grünen Klee der Kindheit", Salzburg 1982

Ders.: „Der geborene Gärtner", München 2005

Bundesarchiv Berlin, NS 19 - Aktenband 3596: Schreiben von Gauleiter Eigruber an Reichsführer SS Himmler vom 15. 7. 1942 und vom 27. 9. 1943; Schreiben von NSV-Hauptamtleiters Hilgenfeldt an Himmler vom 11. 8. 1943; Schreiben Himmlers an Hilgenfeldt und an Eigruber vom 14. 9. 1943.

Dokumentationsarchiv des österreichischen Widerstandes (Hg.): „Widerstand und Verfolgung in Oberösterreich 1934 – 1945", Wien 1982

Josef Goldberger: „NS-Gesundheitspolitik in Oberdonau", OÖ. Landesarchiv (Hg.), Linz 2004

Gabriella Hauch: „Ostarbeiterinnen – Vergessene Frauen und ihre Kinder", in: Fritz Mayrhofer / Walter Schuster (Hg.): „Nationalsozialismus in Linz" (Band 2), Archiv der Stadt Linz, 2001

Dies. (u. a.): „Zwangsarbeit – Sklavenarbeit: Politik-, sozial- und wirtschaftshistorische Studien", in: Oliver Rathkolb (Hg.): „NS-Zwangsarbeit: Der Standort Linz der Reichswerke Hermann Göring, 1938 – 1945" (Band 1), Wien 2001

Roman Hrabar, Zofia Tokarz, Jacek Wilczur: „Kinder im Krieg – Krieg gegen Kinder. Die Geschichte der polnischen Kinder 1939 – 1945", Reinbek 1981

„Kirchenzeitung der Diözese Linz" (Ausgaben vom 8. 11. 2001 und 1. 8. 2002)
KZ-Gedenkstätte Mauthausen beim Bundesministerium für Inneres, Wien: Schreiben vom 22. Juli 2002 an den Autor.

Leichenbeschau-Protokollbuch des Gemeindearztes von Kematen, handschriftlich geführt, im Besitz von Familie Pachler.

OÖ. Landesarchiv Linz: „Bestand Nationalsozialistische Volkswohlfahrt", 90 Schachteln (Akt „Etzelsdorf" in Schachtel 16, Zl. 15).

„Pichler Quellen":
 - Chronik des Gendarmeriepostens Pichl. Ungedruckte, handschriftliche Aufzeichnungen, im Besitz von Gend.-Chefinsp. i. R. Franz Höretzeder;
 - Gemeindeamt Pichl: Meldeakten, Totenbuch, „Ausländerregister";

- Heimatbroschüre und Festschrift Pichl bei Wels, hg. vom Kulturausschuss der Gemeinde anlässlich der Wappenverleihung 1981;
- Pfarre Pichl: a) Pfarrchronik. Ungedruckte, handschriftliche Aufzeichnungen im Besitz des Pfarrarchivs Pichl bei Wels. Hier verwendet sind die von Pfarrer Josef Einberger verfassten Einträge zu den Jahren 1938 bis 1945; b) Totenbuch der Pfarre; c) Gräberbuch der Pfarre.

Gisela Schwarze: „Kinder, die nicht zählten. Ostarbeiterinnen und ihre Kinder im Zweiten Weltkrieg", Essen 1997

Dies.: „Ostarbeiterinnen und ihre Kinder", Vortrag am 3. 11. 2000 (Tagung des Forums Geschichtskultur, Essen), Onlinepublikation (online 1. 9. 2005): www.geschichtskultur-ruhr.de/archiv/essen001103/schwarze.pdf 1

Tagebuch von Maria („Mitzi") H., zur Verfügung gestellt von ihrem Sohn Wolfgang H., München. Die relevanten Passagen wurden von Andrea Winklmeier aus Friedburg aus der Kurrentschrift übertragen und dem Autor zur Verfügung gestellt.

Kurt Tweraser: „US-Militärregierung Oberösterreich 1945–1950" (Band 1), OÖ. Landesarchiv (Hsg.), Linz 1995

„Welser Zeitung" (Ausgaben vom Juli 1930, April 1938 und Oktober 1944), abgelegt im Archiv der Welser Rundschau, Wels

Raimond Reiter: „Tötungsstätten für ausländische Kinder im Zweiten Weltkrieg", Hannover 1993

Bernhild Vögel: Homepage über Zwangsarbeiterinnen und ihre Kinder: www.krieggegenkinder.de

HERBSTZEITLOSEN

GEWESENES AUSATMEN
ERINNERN VERGESSEN
NUR DASEIN UND IRGENDWO FÄDEN SPANNEN
IN EIN NEUES
ALTES WAR ZU TIEF IN WORTE GEFALLEN
UND TRÄNEN GESCHAHEN,
DIE SICH VERLOREN
IM HERBST-ZEITLOSEN-LICHT

Gedicht von Hildegard Maike Opaska, Wien,
am Gedenkzeichen für die „Kinder von Etzelsdorf"

Bildnachweis

Titelbild, S. 50: Hanns Herbert Jeitschko (†), Linz; S. 8: Archiv Josef Neumayr, Pichl; S. 9 (Wappen): als Fotokopie verbreitet von Hermann Schönmayr, Pichl; S. 9 (Hochzeit), S. 11 (2): Besitz Fam. Jeitschko, Linz; S. 10, 13, 26 (unten), 33: Postkarten aus den 1940er-Jahren; S. 15: Werbeprospekt des OÖ. Landesjugendreferates 1995; S. 17, 21, 29: Besitz Fam. G., Däniken; S. 18: OÖ. Landesarchiv, NSV-Bestand, Schachtel 16, Zl. 15; S. 20: Pfr. Ferdinand Hochedlinger (†); S. 24 (2): Besitz Maria H., Pichl; S. 25 (oben), 26 (oben): Pfarrarchiv Pichl; S. 25 (Mitte): Besitz Ulana Kebalo-George, New York; S. 25 (unten rechts): Sterbeandenken; S. 25 (unten links): Besitz Fam. Pachler, Kematen; S. 27: Besitz Wolfgang H., München; S. 30, 32: Adelheid G., Bremen; S. 35: Anonymisierte Abmeldebescheinigung in Kopie überlassen von Dr. Hermann Rafetseder, Linz. S. 36, 37: Martin Kranzl-G.; Bildrechte S. 39 liegen bei den Verfassern der Entwürfe.

Der Autor

Mag. Martin Kranzl-Greinecker, Jahrgang 1963, lebt in Pichl bei Wels. Studium der Theologie. Seit 1988 Journalist im kirchlichen Bereich, derzeit Chefredakteur der pädagogischen Fachzeitschrift „Unsere Kinder".

Diese Dokumentation ist eine erste Sammlung von Notizen, die keinen wissenschaftlichen Anspruch erhebt. Rückmeldungen und weitere Informationen zum Kinderheim Schloss Etzelsdorf sind willkommen. Vorträge oder Schulbesuche nach Vereinbarung.

Kontakt: kranzl-greinecker@aon.at

Dank

Für alle Unterstützung, Information und Ermutigung dankt der Autor Maria K., die ihm vom Kinderheim erzählte. Weiters Katharina B., Anton W., Adelheid G., Maria G., Hans P., Franziska H., Hubert M., Karl B., Tina L., Elfriede S., Maria L., Fam. P., Hubert A., Gabriella H., Fam. G., Ilse M., Maria H., Fam. W., Franz S., Veronika K., Alois B., Maria und Franz W., Romana H., Ulana G., Friederike S., Hermann S., Maria N., Lieselotte P., Fam. J., Robert E., Walter T., Vera F., Fritz G., Hermann R., Jutta P., Franz I., Johann G., Maria A., Wolfgang H., Theresia K., dem OÖ. Landesarchiv Linz, dem Gemeindeamt Pichl und besonders seiner Frau Johanna.